零基础学社群营销

赵 阳 著

清华大学出版社
北京

内 容 简 介

　　本书从社群营销的基础概念讲起，逐步深入社群运营进阶实战，并配合项目实战案例，重点介绍如何运用社群进行营销，帮助读者系统地学习社群营销相关知识。本书共 12 章，分别从认识、起步入门、促成交易、扩大影响力四个阶段阐述社群营销，结合不同行业的情况分析典型的案例，最后给社群运营者的职业发展提供了指导意见。

　　本书通俗易懂，案例丰富，实用性强，不仅适合社群营销与运营的入门级读者和进阶级读者阅读，而且适合互联网用户运营与市场营销爱好者阅读。另外，本书还适合社群运营培训机构作为教材使用。

本书封面贴有清华大学出版社防伪标签，无标签者不得销售。

版权所有，侵权必究。 举报：010-62782989，beiqinquan@tup.tsinghua.edu.cn。

图书在版编目（CIP）数据

零基础学社群营销 / 赵阳著 . —北京：清华大学出版社，2022.11
ISBN 978-7-302-62143-0

Ⅰ . ①零⋯　Ⅱ . ①赵⋯　Ⅲ . ①网络营销　Ⅳ . ① F713.365.2

中国版本图书馆 CIP 数据核字 (2022) 第 204631 号

责任编辑：张立红
装帧设计：方加青
责任校对：赵伟玉　梁　钰
责任印制：丛怀宇

出版发行：清华大学出版社
　　　　网　　址：http://www.tup.com.cn，http://www.wqbook.com
　　　　地　　址：北京清华大学学研大厦 A 座　　　　邮　　编：100084
　　　　社 总 机：010-83470000　　　　　　　　　邮　　购：010-62786544
　　　　投稿与读者服务：010-83470000，c-service@tup.tsinghua.edu.cn
　　　　质 量 反 馈：010-62772015，zhiliang@tup.tsinghua.edu.cn
印 装 者：北京嘉实印刷有限公司
经　　销：全国新华书店
开　　本：148mm×210mm　　　印　　张：10　　　字　　数：224 千字
版　　次：2022 年 11 月第 1 版　　　印　　次：2022 年 11 月第 1 次印刷
定　　价：49.00 元

产品编号：096902-01

‖ 前　言 ‖

这项技术有什么前途

在 2019 年之后，移动互联网用户增长红利不再，所有人都开始关注私域流量。在私域的几大触点（微信朋友圈、社群、公众号和视频号）中，社群因其效率高、强触达、转化能力强等特点，成为"兵家必争之地"。未来，社群运营是每个企业的标配，而相应的社群运营人才是非常短缺的。

对于行业而言，所有的短缺都意味着机会，而且由于社群运营是直接触达用户的岗位之一，在可预见的未来，它无法完全被机器取代。同时，在社群运营这一岗位上锻炼出的帮助企业实现用户增长和营收的通用能力，会让你在将来的职业发展中拥有更多的选择：

横向——转型做市场，升职为产品经理；

纵向——COO、CEO；

除此之外，还可以自主创业。

随着技术的不断革新和进步，未来社群运营的职业发展将会有很大的上升空间。

笔者的心得体会

对于新手来说，社群运营简单易懂，又是零成本。在用户运营中，社群运营是绕不开的一环，起到了"流量"变"留量"的作用，能够迅速聚集高价值用户，高效传递关键信息。

对于企业来说，社群运营能做到：帮助初创公司积累早期种子用户，加速产品迭代；低成本获取流量，积累品牌口碑；通过用户裂变推广产品，从而快速引爆业绩。

对于运营人员来说，学会社群运营就可以提升自身对用户需求的敏感度，提升沟通协调能力，积累自己的高价值人脉资源。

本书特色

- **从零开始**：从认识社群开始讲解，从社群定位开始入门。
- **内容新颖**：书中借鉴的大部分实例是最近五年的案例。
- **经验总结**：全面归纳和整理多年社群营销与运营的实践经验。
- **内容实用**：用例符合当下趋势，对实现同一结果的案例进行多维度分析。

本书内容

本书内容可分为六个部分：

第一篇概述社群营销形成的背景，简要梳理社群营销的理论框架；

第二篇是经验结合案例，介绍了从 0 到 1 搭建社群的方法，提供入门级读者可借鉴的小妙招；

第三篇从社群激活、社群成交、社群复购三个方面讲述如何促进社群营销的营收；

第四篇通过社群裂变、打造个人品牌和策划社群活动三个角度，结合实际案例梳理社群运营进阶式的玩法；

第五篇通过分析各行各业的经典案例和全实操运营案例，为读者直接上手操盘社群提供参考；

第六篇简述社群运营人员的职业发展道路及个人成长路径，给想要做、准备开始做或已经在做社群营销的读者提供指导。

作者介绍

赵阳，社群营销培训师，专注于女性社群营销，擅长私域品牌营销、私域增长全方案策划、私域团队搭建及培训体系搭建、营销系统全链路效率提升等。

本书读者

- 社群、私域团队管理人员；
- 对社群营销感兴趣的人；
- 社群营销"小白"；
- 打算再就业的全职妈妈；
- 创业者或者实体店老板。

目　　录

第一篇　认识社群营销

第二篇 起步入门

第三篇　促成交易

第 6 章　社群复购：持续高销售，客户不流失 ················· 157

第四篇　扩大影响力

第六篇 职业发展

第一篇
认识社群营销

第1章

社群营销概述

为什么最近一两年大家都在谈论社群营销？为什么这么多企业都要布局社群营销团队或者私域运营团队？社群营销是昙花一现，还是未来的主流？为什么说社群营销是当下及未来最重要的营销方式之一？本章将对社群和社群营销进行解读。

1.1　互联网社群经济的形成

我们先来看看，在社群经济发展之前，工业化的经营方法是什么样的。曾经，工业时代的经营方法是大规模营销、大规模倾销。这套营销逻辑已经持续了太多年，几乎没有人质疑它，或者说经营本来就应该如此。

我们可能得重新思考：工业时代商品的流通逻辑到底是什么？它的关键特征是什么？

其实，工业时代商品的流通逻辑非常简单。它的本质是规模化，即大规模地生产、大规模地分销、大规模地营销、大规模地产生品牌公式，继而产生价值。这个时候，商品营销的关键在于激活用户搜寻。因为媒体和卖场是分离的，用户接收一个商品信息和他购买这个商品是两回事。

比如，用户看了一个饼干的广告和真正去超市买饼干是两件事，而且不是同时发生的。所以，工业时代的营销，最重要的是影响人的认知和记忆，因而形成了各种各样的营销手段，比如品牌名越短，就越容易被人记住，因此许多品牌追求简短的名字。此外，一个简短且能直击用户痛点的口号和强有力的品牌形象非常重要，这会让用户看到与品牌形象相关的东西就能想起这个品牌，这种关联又通过广告不断得到强化。

工业时代过后，新生代的社群经济到底给我们的生活带来了什么变化？

1. 沟通工具带来的便利

以前，企业跟用户之间隔着一个电视屏幕。企业没办法运营用户，做不到跟用户直接沟通。过去的媒介是一种单向媒介，但现在，我们有微信，有 App（应用程序），有各种各样的工具，有各种各样的运营技巧，可以与用户建立联系。

2. 聚集细分人群带来的市场细分

过去，企业不能有效地聚集用户群，也不能为人们提供各种各样的东西。传统的渠道市场是地域市场，比如省份或者城市，不是一个用户群。现在，企业可以聚集人群。比如母婴群体可以以母婴超市为切入点，形成一个真正的人群市场细分。

3. 生产门槛降低

在工业体系不够发达的时代，制造业有着很高的门槛。随着科学技术的迅猛发展，中国形成了全球最发达的制造业协作网络之一，企业可以根据消费者的需求灵活地生产和提供产品。这就意味着，聚集一群用户并向他们提供多种产品和服务成为可能，比如可以向母婴群体提供纸尿裤、奶瓶等，或者亲子教育课程。

4. 去中心化的媒体带来的拉新困局

过去，可以通过中心化媒体的强大势能来做品牌。回到 20年前，80% ～ 90% 的商品信息都来自电视。如今，中国的媒介环境已经彻底改变了，大而广的媒介变成了窄而深的媒体，再也没有中心化媒体带来的强大拉新效应了，这就需要持续聚焦一部分用户，持续运营用户。比如建一个微信群，虽然影响不了太多人，但可以跟群里的人进行深入沟通，这会带来运营机会。

5. 新时代消费群体的消费升级

如今，人们愿意花钱，特别是愿意为时间去付费，为便利去付费，这就意味着我们容易通过这些因素运营我们的用户。中国的年轻一代，是伴随着整个中国 GDP 每年以十几个点的增速长大的。由于成长在一个经济高速增长的时代，年轻人非常乐观，并认为中国经济将来会高速增长，反映在消费行为上就是舍得花钱。现在的"90后"，尤其是"00后"，是非常舍得花钱的。然则，老一代人生长在一个闹饥荒的时代，他们的消费观念非常保守——无论将来他们多么有钱，都不会让自己负债太高。消费升级带来了一个重要的影响，就是大家更在意时间成本。由近几年兴起的便利店我们可以知道，为了便宜几角钱而跑一千米的人，已经不是消费的主力了。

6. 线下的生态变化

未来，很多线下的购物场所一定会变成休闲中心。一方面是因为电商流通效率高，大部分消费者购物首选电商；另一方面是因为人们的居住空间越来越小，对休闲区域的需求越来越大。因此，线下的生态会从购物场所转变为休闲中心。

传统的流量逻辑和品牌逻辑逐渐衰落，通过拉流量来做品牌的传统方式难以为继，企业必须升级打法。社群经济是继工业经济后兴起的一种新型商业生态。

今天，我们去哪里寻找新的流量红利呢？答案是社群。未来，每个运营良好的企业都会拥有自己的客户社群和流量来源。社群经济将会有很大的发展空间。

1.2 社群的三大价值

社群是指基于某个共同点而聚集在一起的人群。社群经济是指在这个共同点上建构起高频交互人群，进而向该人群销售与其共同点高度吻合的商品，以此来获得极高的转化率。

比如，"罗辑思维"社群聚集了大量有求知欲且热爱学习的网友，所以它可以卖书和卖课；"凯叔讲故事"将数百万年轻宝妈聚集在一起，因此销售奶粉的渠道转化率就会非常高。

谈到社群的价值，就要聊聊微信的优势，因为微信是社群的重要渠道。微信是新一代的粉丝网，微信用户量已超 10 亿名。微信软件是免费的，各种功能也是免费的，每个人既可以做公众号，也可以通过社群和微信朋友圈发信息。基于此，社群具有以下三大价值。

1.2.1 社群可以创造流量

利用社群可以使用户实现裂变，先有一个成功的社群，然后通过群员来裂变成无数个社群。社群中的人，可以成为合作伙伴、代理人，甚至可以成为股东。所以，抓住社群经济就可以占据优质的渠道入口，进而沉淀更多的用户，为后续发展创造更多可能。

1.2.2 社群可以快速完成成交

信任不仅能产生价值，而且能产生货币。通过社群价值输出，以极低的成本激活目标群体，形成强黏性用户，零成本快速触达社群流量池的精准潜在用户，实现转化。

1.2.3 社群可以使流量变存量

传统的经营思维以产品为中心，当代的商业运营以用户群为中心。有了用户群的商业模式，社群自然就运营起来了。以前，用户购买一次产品之后，可能不再复购。现在有了社群以后，就可以把用户沉淀下来，再使用户之间产生联系、产生信任。社群的本质就是打造一个高信任、低成本的营销推广工具。

1.3　社群与圈子的区别

近年来，"圈子"这个概念频繁出现在大众视野里。那么社群和圈子有什么区别呢？简单来说，圈子有以下三种形态。

（1）内容圈：内容吸引人，人获得内容，如各类垂直媒体。

（2）社区圈：社区改造人，人获得认同，如知识星球。

（3）社交圈：社交鼓励人，人自我满足，如微信群。

如果大多数用户都是小白，那么挖掘一个意见领袖就可以形成内容圈。如果大多数用户都是"进阶级玩家",那么聚集后就可以形成社区圈。如果用户都很资深,那么就有形成社交圈的潜力。

以社群运营人员这一圈子为例,内容圈存在于社群运营专业知识网站,社区圈存在于"即刻"App,社交圈存在于微信社群。

"圈子"是难以拉新、可以促活和留存的,并不适合没有太多流量的企业,只适合作为社群的补充,以解决用户活跃度和留存度的问题。

1.4 社群的分类

想开启社群营销的学习者,往往会迷茫于如何开始,不知道有哪些社群。这里介绍六种分类。

1.4.1 产品型社群

产品型社群,顾名思义就是一个以产品销售为驱动的社群。社群取代品牌的渠道方,完成产品的销售,把产品直接送到群员手上。

产品型社群能创造惊人的业绩。很多博主都有自己的粉丝带货群,通过社群满足一家老小的快消品(快速消费品)需求,单个粉丝不仅价值高,还能不断裂变。比如快团团、群接龙都是通过销售优质的产品将用户留在群里,并通过派发红包等裂变方式,在短期内将群员从 0 人裂变到 500 人且产生销售额。

1.4.2　兴趣型社群

　　兴趣型社群是指一群有共同兴趣和爱好的人聚焦在一个群里交流的社群。早期的 QQ 群建群时就是按兴趣分类的，如今的兴趣型社群也是同一个道理。

　　比如，笔者的一个朋友两年前就发起了一个"628 跑步社群"，玩法是：每人交 399 元报名费，其中 199 元是运营费，200 元是契约金；为期 3 个月；每天早晨 6:28 统一开跑，提前在群里提醒用户晒跑步图打卡，并且制作用户前后体形变化图，用好口碑带来大量的新用户。这个社群成功之后，他后续开办了演讲社群，同样强调坚持的力量，报名费提升到 2000 元。同时，他在原有的跑步社群里卖周边产品，比如运动鞋、便携水壶、防晒帽等，把兴趣型社群和产品型社群完美地结合起来。

1.4.3　品牌型社群

　　品牌型社群是产品型社群的一种延伸，源于某个品牌已经俘获用户的芳心，用户基于对该品牌的认知和认同而进群，不仅拥护品牌，继续为品牌付费，而且认为品牌文化符合自己认可的价值观或人生观，从而产生心理上的共鸣。比如瑞幸福利社，如图 1.1 所示。首次进群的用户可以得到 4.8 折饮品券，系统将于 5 分钟左右自动把该券发送到新用户的账户里，再将社群福利时间表做成长图海报，使品牌福利一目了然，如图 1.2 所示。

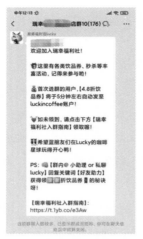

图 1.1 瑞幸福利社聊天截图

图 1.2 瑞幸福利时间表

群内会不断地推送一些小零食福利，并且通过发放限时优惠的方式不断刺激用户，营造出群内专属感，不断拉动复购，使用户养成消费习惯，培养品牌的忠实粉丝。

1.4.4 知识付费社群

知识付费社群是兴趣型社群的一种延伸。在这种社群里，群主及成员积极分享自己的经验和成就，通过社群成员之间相互学习、相互打气，共同探讨成功经验，从中获得坚持的动力和信心。比如，"有一束光"的妈妈成长陪伴社群就是一个知识付费社群。群内有大量优秀妈妈分享自己成为妈妈后是如何开启新事业的，帮助新手妈妈一边带娃，一边开启新事业。无论是做分享的人，还是听分享的人，都能在共同学习的经历中找到自我价值感，互相鼓励，砥砺前行。周围的人通过感受她的蜕变，也会主动要求加入社群，这就形成了裂变。

1.4.5　工具型社群

工具型社群是指社群本身作为一种工具，可以完成某些软件才能完成的功能。比如，大家都知道的一款 App 知识星球，它可以用来沉淀内容，形成资源库，那么我们也可以把社群当成沉淀内容的工具。

再如，社群还能完成群友的某些社交功能，常见的视频号互赞群就是一个工具型社群，群友把需要点赞评论或转发的视频链接发到群里，大家互赞互评。社群无须深度运营就会自动活跃。此外，还有各类砍价群、拼单群，有需求的地方，就一定有机会。

1.4.6　资源型社群

资源型社群是指以置换资源和共享资源为基础的社群，主要作用是促使成员之间不断共享资源，进一步完成价值交换。

俗话说，出门靠朋友。第一手的行业资讯和优质的人脉资源在任何时代都是稀缺的，都是大家关注的焦点，而一个人要想掌握所有的优质资源是不可能的，所以很多私董会社群、兄弟会等除了交付咨询服务，还有资源型社群作为支撑，这就是资源型社群。资源型社群能够实现群友之间的资源互补，帮助每个群友扩大人脉，增加资源。

1.5 建立社群的五大好处

为什么要建立社群呢？建立社群有五大好处：信任借力、重复成交、获得真实需求、直达客户、高效省力，如图 1.3 所示。

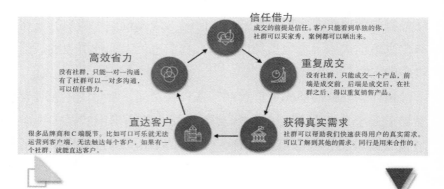

图 1.3 建立社群的五大好处

1.5.1 信任借力

成交的前提是信任，而信任是在交流中建立的。消费者说好才是真的好。

信任的建立需要长期重复博弈，需要每一次交流都产生正向的反馈，而社群是一个非常好的载体，能把认同的人聚集在一起，可以每天不断地给予潜在客户正向的反馈，这样就起到了信任借力的作用，能缩短潜在客户的购买决策时间。

如今已经步入产品过剩的时代，从产品时代进入用户时代。带货能力在本质上是指构建用户对商品的信任力能力的强弱。社群是信任借力的非常好的工具，用好社群，就能快速帮助用户建立起对品牌和产品的信任。

1.5.2　重复成交

社群可以无限次地免费触达客户，也可以提高快消品的复购率，还可以从单品类销售延伸到相关品类。比如，做童装的，可以延伸到妈妈的服饰；做零食的，可以延伸到代餐；做运动的，可以延伸到运动服装或者健身器材等。

在流量红利即将消失殆尽的时代，流量的重复利用是每个商家和品牌都绕不开的路。只要深耕社群，通过精细化社群运营来提升复购率，就有机会从一个消费品牌一跃成为一个渠道品牌。

1.5.3　获得真实需求

一个产品从 0 到 1 的过程在很大程度上需要一批种子用户的帮助。为了获取真实的调研报告，需要花费大量的人力和物力进行维护。换位思考一下，如果你与一个产品没有太多互动，忽然有人推一个用户调研问卷给你，你会去填写吗？

关于用户需求，有个案例非常有名——客户不是要买电钻，而是要买墙上的那个洞。如果品牌方只"孤芳自赏"，就会错误地创造一些"伪需求"，但是如果有社群，就培养了优质调研用户。愿意待在你群里的用户基本上都有真实的需求，倾听他们的反馈和建议是非常有效的。你不断追问用户为什么，能让用户过滤伪需求，从而找到产生问题的真正原因，有助于产品快速迭代、适应市场。

1.5.4　直达客户

在很长一段时间里，品牌触达消费者，要么是通过中间商进行分销，要么是通过开直营店进行销售。自己开直营店虽然可以直接触达消费者，但是缺点也显而易见——没有中间商的帮忙，很难做大。

在社群流行之前，很多品牌方无法批量触达到客户，只能通过媒体或者渠道实现，但是随着私域的发展，品牌方可以不用开店，而是通过社群直接触达用户。

比如瑞幸咖啡，通过 App 和小程序发放 3.8 折饮品券，而且每家线下门店都有独自运营的微信群，"福利官"会在群里发放社群专属福利券，如图 1.4 所示。根据瑞幸的数据统计，积累的 250 万名私域用户，每天贡献 4 万杯饮品单量，这已经是瑞幸除了 App 和小程序以外的第三大订单来源。

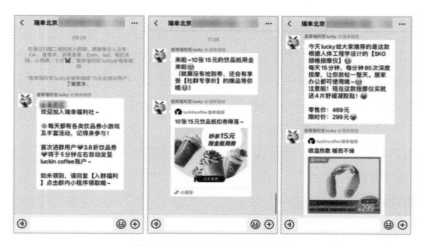

图 1.4　社群专属福利券截图

1.5.5　高效省力

　　私域运营是一项精细化的工程，一对一沟通非常占用运营者的时间，所以运营者必须借助能统筹全局的工具才能高效运营。相比其他付费的 SaaS 工具，微信群或者企业微信群是最简单的，也是免费的。数字化工具可以极大地节省运营者的时间，从侧面来说，也降低了品牌运营的获客成本。

　　线下的门店，几个店员围着有限的顾客转，还要承担房租和水电等费用。相较而言，社群只需要 1 个运营人员就可以同时运营 10 个群（大约上万人），也就是只需要付出人力成本即可。

　　基于以上五大好处，社群运营已经成为个人和企业破局的必需品。

1.6　社群营销的九大雷区

　　社群经济势在必行，但是要想维持得长久，并不是那么容易。下面我们一起来看看社群营销有哪些雷区。

1.6.1　定位不精准，引流白费力

　　现在很多企业都知道定位的重要性，也愿意花钱请知名的营销公司做定位。有些公司之所以能够成功，不只是因为它们进行了定位，还因为它们努力落地定位。

　　定位一定要清晰且落地，什么是落地？就是让用户通过内容

（文字、图片、短视频和直播等）感受到品牌特性。

对于新品牌，如果不从引流开始落地定位，那么定位的意义不大，引流也不够精准。大多数运营团队或个人迫于运营规划与目标压力，只能为了完成绩效去做泛流量——从各种渠道凑人头，甚至把七大姑八大姨都拉进来，这就给未来的运作埋下了隐患。

1.6.2 良性社群定规矩是方，有文化是圆

俗话说，没有规矩不成方圆。凡是群体，就一定有规矩。规则没有对错，只有遵守。任何一个组织都有自己的制度和规范，社群也是如此。

规矩必须立，但不能循规蹈矩。规矩之上是社群文化，如果只有规矩，就没有气氛，而且只有标准却没有价值观的话，社群也会成为一潭死水。光靠强制度能防止捣乱，但带不活一群人。因此，既要定规矩，也要有自己的文化，这样才能"成方圆"。

1.6.3 免费的吸引，其实是最贵的浪费

天下没有免费的午餐，即便宣称"免费"，也要用户付出点什么。

互联网上经常能看到不花一分钱就吸引数万人入群的案例，很多新手群主也认为建一个群没有成本，初期以吸引粉丝为主，不用收费。实际上这种用户投入少，零门槛入群吸引来的都是"泛粉"，也就是标签不精准的粉丝，最终的转化效果往往不尽如人意。

费用是最好的门槛。免费群大多是来"薅羊毛"的，或者进

来了也不珍惜。哪怕 9.9 元的付费也是好的筛选方式。要记得把有限的时间放在更有价值的客户身上。

1.6.4　抢占客户心智不如忠诚对待客户

客户的忠诚是相对的，没有绝对忠诚的客户。在营销领域，提升客户忠诚度是每位营销人员绞尽脑汁也要实现的事。

随着国内经济的快速发展，产品泛滥，同质化现象严重，客户的选择多了，品牌之间的厮杀也变得激烈了。

要想获得客户对品牌的忠诚，首先要对客户有忠诚度，做到让客户真正满意，真正为客户服务，这是使客户忠诚的首要条件。

1.6.5　促活只用发红包

很多新手群主为了能够迅速建群，会集中各方人力和资源大力拉人。这样确实能快速搭建一个 200 人左右的社群，但是后继乏力，无法持续运营，具体问题出在哪里？

相信你身边肯定也出现过这样的进群邀约。当我们从参与者的角度思考时，很多问题就迎刃而解了。

例如，当你被邀请到一个减肥社群中，起初无论是群主还是群友，都在分享大家感兴趣的内容，偶尔还会有你最喜欢的抢红包活动。这样的社群，往往能展开热烈的讨论，后来的内容就不限于减肥了，可能开始分享生活中的琐事，活跃度就会非常可观。

过段时间之后，群里的内容越来越不聚焦。你只是对减肥内容感兴趣，可是其他群友都在讨论哪家美食好吃等话题，所以你和跟你有一样想法的人参与的讨论逐渐减少，最后的情况就是，只有红包出现的时候你才会出现。

这个案例说明，如果不能做好集中、有效地输出，就会导致群成员聊天的内容失去了焦点。虽然红包能激起群友很强的短暂互动，但是长期来说这个群除了抢红包，已经失去了价值。

这个时候就需要群主调整方向，同时加强群友之间的互动，重新聚拢客户焦点，并横向发展关系网，这样才能长久地运营下去。

1.6.6　运营只是复制话术，没有互动

微信作为一个社交平台，相较于其他平台，它离用户更近。如果把微信群的内容等同于平台的内容，写好内容、拍好视频发布之后，就不管不顾，那么你其实不如放弃，有这个时间还不如去做线下市场的客户维护与渠道拓展。

在线上，省去了舟车劳顿，可以直接进行沟通，用语音、视频相结合的方式高效地完成展示与沟通。这样一来，不仅能提高工作效率，还能更便捷地拉近与用户之间的心理距离。营销就是要给客户营造一种舒适的环境，让认知和沟通更容易，从而使其快速对我们的产品和服务产生认同，并进行购买。因此，有效互动才是精髓。

1.6.7　不能够持续和连贯地运营

除了互动，连贯性也非常重要。如果没有重复触达，客户很

难记住，也不会太关注，就无法实现转化和裂变。我们与客户都需要时间和契机。

进入正轨的社群运营一定是有完善的社群动作规划的，否则很难保证持续性。例如，定期举办专家分享活动，不定期举办群友交流活动，以及不同节点的营销活动等。持续、连贯地运营，不但能提升群友的活跃度，拉近与客户之间的关系，还能促进更多的转化契机产生。这些活动可以快速且有效地促使客户对我们的理念形成认知和认同，进一步提升品牌的影响力和价值感。

1.6.8　日复一日地重复，没有创新

有了运营的规划，日复一日地重复就万事大吉了吗？答案是否定的，如果只是重复可以倒背如流的程序、复读机一样的话术，就会让用户感到厌烦。

人永远会被新鲜事物所吸引，合理利用这种心理并创造机会，才是我们应该重视的事情。

营销就是要千变万变，我们一方面要站在客户的角度思考问题，关注用户可能会关心的热点和潮流；另一方面要结合自身的属性和定位，将合适的切入点引入社群动作规划中，不能盲从。

1.6.9　仅有卖家秀，没有买家秀

过去，品牌营销会用明星和 KOL（意见领袖）等代言，通过

第三方的影响力、美誉度、公信力和知名度来提高品牌价值。

现在，在社群营销中，品牌不愿意再付高额的代言费，而是邀请真实的用户来为品牌发声。俗话说，卖家秀不如买家秀。很显然，来自用户的亲身经历更能打动潜在消费者。

当然，买家秀适合的应用场景是精准的潜在用户群。如果在泛粉群过早地切入买家秀，就会显得特别突兀，也会引起群友的反感，所以一定要因地制宜。

1.7 如何快速搭建社群

在无资源、无人脉、无资金的情况下，如何快速搭建社群？这里有两种方法。

1.7.1 发动熟人推荐

其实信任是可以借力的，因为成交的前提是信任。有哪些信任可以借力呢？首先是熟人关系，可以发动熟人为社群引荐流量。其次是那些相信你的人，或者已经在你的群里的人，可以发动他们提供一些反馈素材，晒到微信朋友圈、其他社群或者平台上，为你背书。

1.7.2 启动收费复盘群

常言道，教是最好的学。我们在不断学习新知识的时候，会把学到的知识快速地消化、理解之后再输出。用输出倒逼输入是一种非常高效的学习方式。这样的学习方式也可以用在社群里，比如你每学一门新的课程或者技能的时候，都去建一个复盘群，定期将自己的心得体会输出在群里。需要注意的是，一定不能抄袭，而是要经过自己消化之后再输出。如果你经常参加学习，就可以搭建一个年度收费社群，相当于让别人买了你一年的知识复盘，这对于群友来说是非常划算的。

1.8　社群经济的真正内涵

人类的文明史是一部工具进化史。当社会发展越来越快的时候，有一天，我们可能会突然感到茫然：时间去哪儿了？我们的健康去哪儿了？我们的亲情去哪儿了？当过去的线性需求供给模式已经到了迫切需要改变的时候，我们需要解决自我实现的上限和线性工业时代之间的矛盾。

在社交网络里，我们看到，一些过去看似"高大上"的硬广告几乎全部消失了，而用户更喜欢对话感营造出的情感营销。社群经济就是人本回归的最好载体，这就是互联网的人本主义的回归。

社群经济的基础，就是以用户为中心建立产品和服务模式。社群经济具有个性化、分布式和动态化的特点，而这些特点让个体户、企业方，甚至是机器人，都可以选择去服务自己能力范围内可以服务的群体单元，并接入大平台中，由大平台提供云计算、电子商务、大数据、商业智能等核心能力。

在社群经济中，尽可能分享一切，尽可能平台化和粉丝化。社群经济衍生出分享经济、粉丝经济、团购经济，它将会成为主流的经济形态。

1.9 "社群＋实体店"的营销方法及效果

当下实体店面临以下三大问题：（1）顾客越来越少；（2）库存越来越多；（3）竞争对手越来越多，"价格战"恶性循环，谁都不好做。

如果实体店沿用传统的营销思维进行经营，必然会越来越艰难。改变传统思维模式是第一步，也是最关键的一步，思路决定出路，思想一改变，市场一大片。

实际上，那些倒闭的门店所使用的大多是传统销售模式。也就是说，买卖双方只是短暂地发生交易，卖方并不具备社群营销意识。让店员不遗余力地加好友是一种营销方式，而运营社群能与非好友消费者建立链接，这正是目前实体门店最需要的社群营销方式，所以实体店嫁接社群是必然趋势。未来，无论哪个行业的实体店，都需要使用"社群＋实体店"的标准配置。

对于实体店社群，笔者比较推荐双群的做法。双群是在社群运营里经常会用到的一种方式，即"会员福利群＋快闪群"的方式。这种方式既不会打扰用户，又可以在活动中充分激发用户的购买欲望。因此，这种方式非常适合连锁店或者品牌的私域社群运营，如图1.5所示。

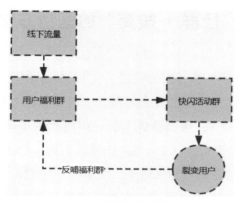

图 1.5 实体店社群运营方式

比如，2017 年前，西贝主要做线下会员运营，那时公司设有专门的销售部和客户部，与核心客户群建立沟通。2017 年年初，西贝的粉丝数量只有 300 万人，与当时 200 多家门店的客流量相差很大，因此西贝决定正式运营公众号。2017 年年中，西贝开发了在线点餐，并利用微信秒付将线下流量导入线上流量池。2018 年，西贝开始建立社群，用 "公众号 + 社群" 的方式开展线上与线下的互动。2019 年，西贝的门店发展到了 300 多家，社群端的用户累计达 300 万人，平均每个门店与 1 万多名顾客通过社群进行互动，社群用户与公众号用户只有小部分重叠。社群用户主要是一线门店与顾客一对一添加的，目的是提供一些店内优惠和服务。2019 年，西贝的公众号粉丝数量积累到 2000 多万人。同时，西贝开始与企业微信进行合作，通过 CRM 系统对之前积累的粉丝进行数字化管理，并在很短时间内与 11 万名用户在企业微信上建立了联系。

1.10 "社群＋微商"的营销方法及效果

当下微商面临以下四大问题：（1）抖音和快手等平台直播带货功能的崛起，瓜分了微商的部分"蛋糕"；（2）信任危机，产品质量参差不齐、营销模式混乱导致微商的口碑下滑，消费者不愿意选择微商产品；（3）微商的飞速发展得到了国家的正式认可，进入这个行业的人越来越多，竞争对手也越来越多；（4）微商产品无法触及终端消费者，没有形成商品流通闭环，并由此产生了很多的问题。

社群营销从处理微商代理囤货和动销的问题入手，真正解决了商品流通的问题，这才是健康的商业模式。

现在越来越多的商家看好"社群＋微商"的运营模式，这种运营模式赋予微商新的销售途径。正确地运营社群，就可以增加微商的销量。

"社群＋微商"的运营模式给很多商家提供了新的销售思路，利用社群进行宣传，同样可以提升品牌的知名度，提高商品的销量，更重要的是这种运营模式投入的成本低，所获得的回报却很高。

1.11 "社群＋直播"的营销方法及效果

公域直播带货面临以下三大问题：（1）被平台严重制约，如果被封号是不可挽回的损失；（2）现在的社群团和直播带货的博主都在做同一件事情，就是经营自己的私域，以"社群 + 直播"的方式运营；（3）参考一个直播购物的统计数据，68% 的人有直播购物的经历，其中每个月直播消费一次的占比为 36%，4 ～ 6 个月直播消费一次的占比为 7%，半年直播消费一次的占比为 3%。在这样一个强复购的直播电商环境下，"社群 + 直播"的私域电商模式是不可错过的机会。

目前很多商家通过"社群 + 直播"模式达到好的营销效果，比如悦啦精选，它从 2019 年到 2020 年一直在做这种模式，用 20% 的社群精准粉丝，撬动 800% 甚至是 8000% 的泛粉，2020 年悦啦精选达到了 2 亿元的成交额。

再如上海护肤品牌林清轩，在新冠肺炎疫情防控期间实体店经营惨淡，全国 157 家门店歇业。2020 年 2 月 1 日，创始人林清轩转型做社群直播带货，超过 6 万人观看，销售额近 40 万元，直播间观看人数从 2 人增加到 500 多人，最后全国门店共同参与。先用社群运营把门店的客户维护起来后，有了第一批流量之后，再利用直播带货的风口实现转型。目前，林清轩利用"实体店服务 + 社群运营 + 直播带货"的营销方法，打造了全新的商业结构。

1.12　社群如何给直播和实体赋能

传统的直播带货越来越考验供应链的整合能力和流量的宣发能力。关注淘宝、抖音的人应该都知道，现在的公域直播获取流量的成本变得越来越高。要想打造一个火爆的直播，首先需要花钱从公域流量池中拉人。一些导购类的直播，由于主播数量多，市场几乎饱和。加之平台的运营门槛，需要专业运营团队或直播服务商，就导致在公域里还没有做起来的人越来越难，而对于已经做起来的人，也有棘手的问题，那就是流量的留存。如果把人留下来变得很困难，那么直播的热度就很难持续。

1.12.1 直播间粉丝导入私域社群

社群起什么作用呢？如果公域是一个广场，那么社群就是一个门店。如果你有了社群这个门店，有 100 人到店，结果你和 100 人变成朋友。每个朋友买 10 次，再带 10 个新朋友，你就获得了 1000 个订单，有了 1000 个朋友；对于这 1000 个朋友，每个朋友买 10 次，再带 10 个新朋友……雪球就会越滚越大，这就是现在很多头部直播达人都想拥有自己的私域社群的原因。

私域社群对他们来说是一个非常强大的保障。直播形式可以满足面对面交流、精准互动的用户需求，而社群能够增强品牌信任感，为用户提供优质的服务，提高消费者复购率。帮助用户"种草"私域内容及提高购买上的便捷性，更能激发用户的购买欲望，所以"社群 + 直播"成为很多实体企业目前最感兴趣的模式之一。私域直播是去中心化的分发逻辑，用户触达率也非常高，可以进行高效精准的裂变拉新，又可以盘活商家已有流量。当私域直播变成一种良性循环，每次直播都能沉淀用户，而每次直播又能实现产品与用户的互动，如此滚雪球般地互动、沉淀、再互动，就能实现更好的销售成果。

1.12.2　"社群 + 直播"的好处

"社群 + 直播"具有以下五点好处。

（1）节约大量的时间。主播最难的就是前期的冷启动阶段，辛辛苦苦直播却没有人观看，但是如果和社群结合起来，只要一开播，就人气爆棚，而且能在直播间直接影响粉丝下单购买，提高转化率。

（2）降低社群服务难度。社群运营的终极目标就是成交和裂变，日常运营要进行大量的内容设计，而有了直播，可以把社群变成更新直播信息、转化直播间粉丝到社群的工具。后期新品发布，只要针对群内的用户进行发售，就能做到影响粉丝持续复购。

（3）集中短时间成交，便于拉动更高的客单提升。直播的限时特性，有利于提升用户关注度，形成集中转化率。

（4）营造更适合购物的场景。真人互动实物展示的场景比文字和语音更能带给用户沉浸式购物的体验。

（5）解决了群发的风险，管理用户更轻松。微信对群发消息的风险管控越来越严格，而直播是不限时间，不限次数的，真正做到无限次触达，才能规避风险。

社群可以解决直播的引流问题，直播可以提升社群的转化量。一般直播为了实现传播量的最大化，会提前 3 ～ 5 天做直播预告，用层出不穷的主题海报让大家提前关注，但是这样的前置关注无法确保客户定时观看直播。如果让用户先进入社群"种草"，配合社群运营进行需求引导，先社交后成交，后期的转化观看量就会更好。直播为社群进行流量转化，比如一个健康稳定的母婴社群少不了优质育儿干货的持续输出。相较于文字，视频传递的信息量会更大、更直观，可以作为很好的内容沉淀形式，而直播本身具有及时性和真实性的特点，可以很好地激发社群的活跃度，增加社群的流量，提高转化率。

1.12.3 "社群＋直播"怎么融合

1. 锁客

锁定用户准时来直播间参与活动的锁客方式有四种：（1）提前付费预定名额（发放优惠券、抵扣、赠品，需要进入直播间履约）；（2）报暗号可以享受直播间额外的加赠、折扣；（3）直播间额外大奖，仅限社群私域粉丝专属；（4）先发放直播间优惠券或预告限额抢购品。其中，（1）（4）是比较高效、实用的方法，能保证直播间的到场率。

比如，美妆类"社群＋直播"，通过预告、限额秒杀的组合手段，锁定用户需求。当用户有需求并且希望抢购爆款时，就会在特定时间进入直播间下单购买。

2. 留客

当用户通过私域的通知、提醒进入直播间，就有了成交的可能性，而如何留住用户，使其在直播间停留的时间更久，产生更大价值呢？常见的留客方式有以下六种：（1）直播中穿插活动产品＋爆款产品，并且预告；（2）活动产品+1元秒杀相结合；（3）定期弹出优惠券，下单能抵扣；（4）内容留客（干货、技巧、必学知识）；（5）出人意料的嘉宾、额外惊喜等提高趣味性的活动；（6）打造主播人设，提高直播组织能力。

1.12.4 "社群 + 直播"成交方式

"社群 + 直播"就是在社群运营的基础上加入直播带货，借助社群的社交温度，提高用户的订单转化率，从而提高商品销量，增加营销额。

"社群 + 直播"的成交方式具有以下四种特点：（1）直播间下单并说暗号，可以获得加赠、优惠或返现；（2）限额限时，仅限前 × 名用户；（3）折扣超低，还有机会抽大奖或免单；（4）涨价产品，限时下架，取消额外赠品。

一环接一环，用户会一直被锁定在直播间。"社群 + 直播"已经成为未来的发展趋势。当服务单个用户的难度变大时，集中成交会变得简单轻松，对运营人员的要求也更低。

1.13 "社群 + 区块链"的营销方法及效果

区块链技术是一种对交易记录进行存储的新技术，它能够永久保存交易记录，并且一经存储，则永远无法删除，只能按照次序加入新的后续交易。

由于区块链技术的分布式特性，区块链项目并不属于某个人或公司，而是属于公共商业，没有所有权的概念。区块链项目主要是以维护社群的方式来维系项目的运营，所以社群其实是区块链项目中最重要的一个部分。

比如，"3 点钟社群"就是一个区块链社群，据说"3 点钟"是一个口号，在区块链即将到来的日子里，睡觉都是浪费时间，社群成员每天纵横论战到 3 点钟。

第二篇
起步入门

第 2 章

社群定位：如何从 0 到 1 找准社群定位

做社群的第一件事就是找准社群的定位。如果一开始的定位有问题，哪怕后续做再多事情，也都是效率低下或者无意义的。所以在建群前要做好定位的工作，明确定位后才能知道引流用户的画像，再根据画像确定下一步的行动。本章将用互联网思维对社群定位进行解读。

2.1 社群定位的底层逻辑

社群定位是社群发展的指挥棒，也是社群建立的第一步。建群之初，首先要明确的就是社群定位。无论是企业品牌群还是个人品牌群，群的背后都是"人粉"——个人粉丝。

比如，谈到小米，谈到特斯拉，你想到的是谁？一定是雷军和埃隆·马斯克。这就是"人粉"的意义。

社群的目的就是培养足够多的"人粉"。那么"人粉"从哪里来？从你的品牌定位或者个人定位来。社群其实就是连接产品和粉丝的纽带。

想要卖产品，千万不要先推品牌，而是要先培养足够多的"人粉"，这是基础常识。那么，"人粉"从哪里来？从你的个人定位中来。

找定位有多重要呢？有一个叫"洪胖胖"的公众号曾经组织团队做过 4 个月市场调研，分析了 50 个账号，就为了找到自己的定位。

2.1.1 用户标签

用户标签是组成用户画像的核心要素。既然社群运营是运营人，那么，想要做好用户运营，就要对用户进行了解。什么是用户运营呢？用户运营就是通过运营让用户完成商业目标，比如促使用户提升消费点击率、裂变拉新等。那么用户运营和销售的区别在哪里？用户运营要运营的用户数量级更大，通常要负责万级、十万级甚至千万级的用户量，而销售通常只能负责 500 个客户，所以用户运营的杠杆更大。

为了高效地运营用户，要根据用户的具体信息以及一些行为，以标签的方式进行批量化运营。

通常标签体系添加时间、地点、职业、消费力、兴趣、家庭情况和来源 7 个标签，如图 2.1 所示。具体该如何理解呢？你把每个标签想象成一块积木，然后进行组合，如表 2.1 所示。其实，每个组合都是一个定位。

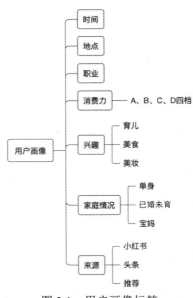

图 2.1　用户画像标签

表 2.1　用户画像案例

性别	地点	消费力	兴趣	个人情况
男	三线	1000 元以下	旅行	单身
女	二线	1 万元以下	美妆	孕妇
女	一线	5 万元以下	育儿	宝妈

给大家推荐一个工具新榜，如图 2.2 所示。它可以用来搜索跟你的用户群体符合的账号，找到和你的用户定位相近的账号。

图 2.2　新榜截图

定位其实就是寻找新的组合方法。这就是"一毫米宽度，一万米深度"——找到那个别人都不关注的点，毕竟中国人口那么多，若定位做得精细、下沉，总能找到属于你的目标用户。

2.1.2　个人 IP 定位四问

随着互联网的发展，打造个人 IP 不再是难事，难的是打造一个让用户信任并追随的 IP。要想打造这样的 IP，首先需要问自己四个问题，如图 2.3 所示。

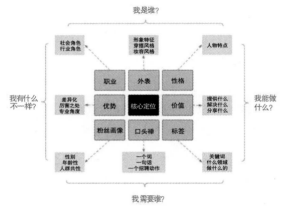

图 2.3　个人 IP 定位九宫格

第一个问题：我是谁？可以结合自己的职业、外表、性格，回答这个问题。——基本上你的粉丝跟你差不多，吸引力法则决定了探索自己很重要。

第二个问题：我需要谁？——这其实就是用户画像。

第三个问题：我能做什么？可以结合过往经历，挖掘自己当初遇到过什么困难，如何成功克服的——这里的"能做什么"不必是什么专业证书，你能帮助跟你有一样经历的人走出来，这就是价值。

第四个问题：我有什么不一样？比如在现有的群体里你能提供什么——从你的专业和经历里寻找，先模仿，再创新，如

图 2.4 所示。

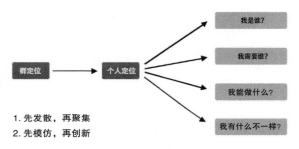

图 2.4　群定位 VS 个人定位关系

一方面，"我不服务于所有人"是现实；另一方面，在战略上要依靠粉丝群体，才能更好地活下来。我们要经常思考，自己服务的粉丝群体到底是什么样的？他们需要我做什么？

个人品牌就是雕琢自我，普惠他人。在这个过程中，自己也会变得更好。

2.2　找准社群定位

2.2.1　了解自我优势

社群定位要想获得成功，必须有一个清晰的自我认识。从何处入手呢？假如是个人社群，你可以列出自己异于常人的技能，这部分多多益善。

如果你对自己的了解匮乏，最简单的办法就是找到你身边 3 ~ 5 个朋友，让他们谈谈如果他们向你请教的话，会问哪方面的问题。

如果是品牌社群，运营者需要对已付费用户和潜在用户做一些访谈和调研，了解品牌在用户心目中的位置，甚至可能要放弃品牌内部的主观定位，问问用户，我到底是谁？

比如魅族，它曾把所有公开的网络搜索平台上用户提及魅族时使用的词提取了出来，这些词就是用户对魅族品牌的印象。

当然，用户的反馈只能给你一个 60 分的定位，永远不能给你一个 90 分的定位。品牌还要做到领先用户半步，这半步就要靠品牌主自己完成。

2.2.2 找准你的热爱

乔布斯在斯坦福大学 2005 年毕业典礼的演讲中说道："你必须找到自己钟爱的事情，因为做好一件事的唯一方法就是喜欢。如果你还没找到的话，那就赶快去找，不要停！"

当你把自己的知识领域和特殊技能做一个梳理之后，你就会发现，热爱才是推动你取得成功的真正动力。克里斯坦森在《你要如何衡量你的人生》一书里讲到动因理论：到底是什么真正激励自己一直走下去？这个动因是你发自内心喜欢的东西。

樊登读书会创始人樊登在一次演讲中说到，之前他做主持人的时候，一提到录节目就头疼。因为那些节目中要说的话，不是他想说的，他感觉自己一直在强颜欢笑，全靠职业精神支撑自己坚持完成。后来，他辞职做樊登读书会，每次读书他都非常有激情，每次他都想讲得最好，而且他通过读书、分享知识让身边很多人走出困境，这一切都让他感到非常愉悦。虽然为了扩大品牌影响力，他不得不经常在一周内连续跑几个城市做演讲，家人和朋友都担心他太辛苦，但是他乐在其中。这就是热爱的力量，当你在做自己热爱的事，你每一刻都是快乐的。所以，长久的定位一定离不开心中的热爱。

2.2.3 懂得用户需求

如果前两个定位都做到了，但你的内容根本没人在乎，那么不会有人关心你的社群，而且转化会变得越来越困难。要想有转化，就要懂得用户需求。要时刻清楚，社群的内容是给用户看的，我们要给用户提供价值。

围绕目标用户可以从以下五个方面进行考量：（1）他是做什么的？他的生活方式是怎样的？（2）他现在需要什么？他有什么问题需要解决？他对哪些内容有需求？（3）他为什么会需要我，需要我的产品和服务？（4）他的消费力是怎样的？（5）为什么这个群体很重要？

记住，每一个问题的答案都必须具体，不要泛泛而谈，答案可以不完美，但是要清晰。对用户需求的清晰表述，能帮你找到用户感兴趣的社群定位，就像是为他们量身定制的一样。

社群的立足点是以人为本，如果我们无法明确自己的内容是给谁看的，就无法帮助用户节约时间，无法为他们带来更多的价值，最终也就无法让用户为你的内容付费。

2.3　从社群中获益的五种方法

一旦明确了社群定位，销售机会就会纷至沓来。只要不断地倾听用户的声音，了解他们的需求，销售机会就会在不经意间出现。下面介绍从社群中获益的五种方法。

2.3.1　软广告

软广告是指广告主不直接介绍其商品和服务，而是通过插入一些带有主观指导倾向的文章、画面、短片，或通过对社会活动、公益事业进行赞助的方式来达到打造企业品牌形象和提高知名度的目的，最终促进企业销售的广告形式。软广告与硬广告的差别在于，软广告不直接明确是广告，它是具有隐藏性的；硬广告就是纯广告，不掺杂于其他主体中。

在手机的小小屏幕上，强制弹窗的硬广告会极大地破坏用户体验。硬广告泛滥，与消费者进行"强制"接触，甚至令人感到头痛。据《广告周刊》（*Adweek*）统计，网站 Banner（横幅广告）的点击率仅为 0.12%。未来，软广告是主流趋势。

如今，品牌都会拿出 25% ～ 30% 的预算用于投资内容营销，软广告也位列其中。因为社群跟用户的直接触达，很多 DTC（Direct-to-Consumer，即直接面对消费者）模式的产品都更愿意直接找社群群主或 KOL 植入软广告。

2.3.2　知识付费

2017 年，知识付费行业取得了巨大成就：喜马拉雅 123 知识狂欢节销售额达 1.96 亿元；得到讲师薛兆丰的"北大经济学课"突破 20 万订阅人数。2020 年，凯叔讲故事、樊登读书会以典型的知识付费模式火爆全网。这些社群以直接售卖知识的方式作为盈利方式。

这一模式和软广告有巨大的不同。基于软广告的模式，注重粉丝量，广告投放根据粉丝量付费，而知识付费模式特别关注用户是否能被转化为付费用户，要求粉丝不在数量多而在于质量高。不同于知识付费课程，社群还有督学和附加值功能，不但能提升课程效果，还能帮助讲师和平台转化后续课程，目前知识付费模式的陪伴型社群和训练营已经成为课程类产品的标配，融入了产品设计。

2.3.3　会员制

在 2018 年巴九灵公司年会上，吴晓波提到了未来的趋势是私域流量、圈层化、会员制。与知识付费不同，会员制能提供的是人脉价值和资源价值，比如随处可见的行业协会，能把更多具有高资源价值的人筛选出来，组织成一个大咖联盟和高价值社群，大家合作共赢、互相链接，同时主办方从中获益。

根据构建逻辑的不同，会员制一般分为三类：（1）积分制，以消费决定权益大小；（2）独享制，仅会员购买，比如开市客（Costco）；（3）全家桶，包含跨场景权益，比如淘宝 88VIP。会员制的壁垒不高，又能增加社群的黏性，非常适合运用到社群运营中。

2.3.4　高溢价或定制类产品

《单向历》的诞生，就属于这类案例。根据单向空间联合创始人张帆介绍，他们运营的公众号每到春节期间，内容制作就相当困难，因为小编和设计都想早点回家过年，不想在春节期间加班。此外，单向空间还发现，春节期间旧式日历的销量会大幅升高——人们喜欢日历。于是，一个讨巧的方法就出现了——用旧式日历的形式，再加上文艺青年喜欢的经典名句，设计成日历的样子推送给读者，于是春节 7 天假，公众号只需要推送 7 篇日历就可以了。没承想，这 7 篇日历居然掀起了粉丝阅读和转发的热潮。

粉丝们纷纷留言说喜欢这种形式，于是单向空间决定把这种形式延续下去，研发出一款针对文艺青年的、以文字美感为出发点的纸质日历产品。《单向历》的想法就这样产生了，仅《单向历（2017 年版）》一款单品就售出 15 万册。

2.3.5　最小化可行产品

当然，最简单的就是，我们了解了用户的需求之后，就可以像买手店一样，直接向社群内的用户推荐与其需求匹配的产品，通过社群运营产生持续的复购。

对于盈利，无论采用哪种模式，都要设置试验来测试是否能跑通闭环。而且，测试阶段越快越好，越省钱越好。在《精益创业》一书中，这种初步的努力被称为"最小化可行产品"，也就是 MVP。

2.4　精准定位目标客户的三个关键点

寻找准确的目标客户是每个社群运作的关键指标。一旦目标客户不精准，付出就可能会毫无意义。在以往的传统营销中，由于互联网信息不发达，准确获得目标客户的速度很慢。如今，我们正处于互联网营销的时代，客户群体变得更加透明。下面介绍精准定位目标客户的三个关键点。

2.4.1　从小到大细分

每种产品都有一个固定的目标群体，大致按照性别、年龄、职业和偏好分类。大部分人分析客户的时候会从大到小进行细分，但在执行时，由于执行量很大，细节做得不好。所以，我们可以把客户从小到大进行划分，这样执行就更有说服力。

就像市场上的产品一样，某种产品可以占一半以上的份额，同时可能要付出更高的促销代价。如果规模小，成本就会低很多。例如，如果你正在做母婴产品，就可以在早期扩大营销，以婴儿的某一特点争取客户资源，这样你就能与竞品形成一定程度的差异，随着这种差异的不断扩大，你就能拥有更大的市场份额。

2.4.2　促进社群互动

挖掘社群中客户的需求可以使社群活跃度上升，了解客户的需求，直击客户的痛点，可以提高客户的信任度，促进社群内客户的互动。

比如，把今天的时事热点抛到社群内，引起成员的讨论；把身边发生的故事分享到社群里，看是否能够引起成员的共鸣。总之，用不同的内容试探社群成员的反应。凡是能够引起热烈讨论的内容，甚至直接引发类似"去哪里购买"的需求，就能促进社群互动。

2.4.3　差异化定位

做一个项目时，不能没有自己的市场定位。假如你的产品是水果，也需要区分市场定位，市场上有些水果销售量很大，价格也比较便宜，但你可以用包装将其制成高档水果。只有通过市场定位，你才能在人海中精准找到你的客户。

比如，可以打造英语启蒙社群里最温暖的产品。

2.5　如何给社群取名

古人有云："赐子千金，不如教子一艺；教子一艺，不如赐子一名。"有个好的名字是非常重要的。不论你从事什么行业，有个好名字便有助力。因此，社会上衍生出专门做起名服务的行业，而且价格不菲，动辄3位数甚至5位数。接下来，分享6种类型社群取名的方法，力图帮你省下5位数的服务费。

其一，学习成长型社群取名。

　　结合自身定位，设计一个与学习成长有关的社群名字，比如"跟 Emily 老师学社交"。用"跟某学某"的名字，很容易引起渴望学习和提升的人群的关注，如图 2.5 所示。

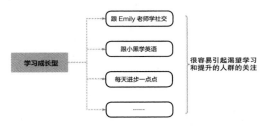

图 2.5　学习成长型社群名字

　　其二，特定人群型社群取名。

　　如果你很爱猫，可以叫作"喵星人俱乐部"；如果你很爱狗，可以叫作"汪星人俱乐部"；还可以结合兴趣点，取名为"某俱乐部""某家""某游击队"。

　　一看名字就知道这个群是做什么的，属于哪个领域的，如图2.6所示。

图 2.6　特定人群型社群名字

　　其三，职场昵称型社群取名。

　　比如"视频剪辑小弟""室内设计小甜甜"，一看名字就知道职业是什么，而且很亲切，如图 2.7 所示。

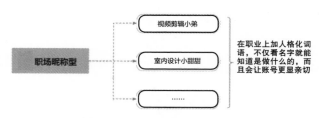

图 2.7　职场昵称型社群名字

其四，意见领袖型社群取名。

比如"财经我来讲""剪辑有话说""文案怎么撰"等，意见领袖型的社群名可以让人感觉社群是由某个领域专家组织的，自然能吸引到关心这一领域的人，如图 2.8 所示。

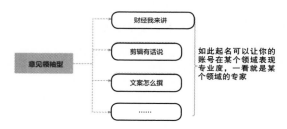

图 2.8　意见领袖型社群名字

其五，时间标签型社群取名。

比如"十点读书群""3 点钟社群""职场早餐群"等，笔者自己就建了一个"10 点面膜群"，每天晚上 10 点打卡敷面膜，非常受欢迎。一开始笔者只是觉得好玩，没想到很多人也觉得有趣，还邀请了闺密一起参加。随后群成员开始自发地种草面膜，顺理成章地组织了社群团购。这种时间标签明确的社群，可以根据产品选择相关的主题，如图 2.9 所示。

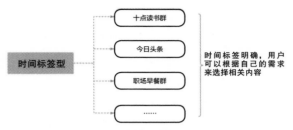

图 2.9　时间标签型社群名字

其六，号召行动型社群取名。

号召行动型就是号召群友来做一个具体的行动，或者达到某种理想状态。比如"每天学会 10 个英语单词""每日陪娃 1 小时""一起练 8 块腹肌""一起减重 5 斤""一起暴富""一起变美变幸福"，如图 2.10 所示。这种社群名字不仅可以吸引相关用户，还可以号召他们一起行动，久而久之，社群成员就成了你的铁粉。

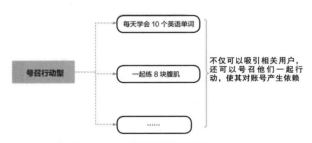

图 2.10　号召行动型社群名字

2.6　案例："凯叔讲故事"精准定位后的"神话"

前央视主持人王凯给女儿讲故事，把自己录制的故事音频分享给幼儿园的家长，并上传在微博上，深受家长和孩子的喜爱，于是经营了"凯叔讲故事"，由原先分享儿童绘本故事音频的形式逐渐发展成亲子社群。接下来，笔者对这个成功的案例做简要分析。

2014年，央视财经频道《财富故事会》主持人王凯辞职创业，做了"凯叔讲故事"公众号，不到两年时间积累了400万名粉丝。在2016年联合有三次创业经验的朱一帆，王凯打造了"凯叔讲故事"App。至2018年3月，App累计用户数达1400多万人，累计上传故事达4000多个，其中有将近一半的故事是原创。2017年5月主打硬件产品《凯叔西游记》推出，同期B轮融资9000万元人民币。2018年3月，完成B+轮融资1.56亿元人民币。

凯叔讲故事的讲述者大多是男性，对于很多家庭来说是必备良品——填补家庭中爸爸这一角色的缺失，同时凯叔讲得特别好，一个故事中各种角色不同的声音都模仿得非常到位，小孩和大人都爱听。笔者的孩子很好动，但一听凯叔讲故事就不一样了，能安安静静地坐在沙发上瞪着大眼睛，竖起耳朵听，如果不限制时间，他听一整天都不会觉得疲劳。所以笔者认为，对有孩子的家庭来说，凯叔讲故事的产品就是刚需。

凯叔讲故事的用户是比较特殊的，其平台上的内容面向0～12岁的孩子，但真正决策购买行为的用户是"80后"和"90后"的爸爸妈妈，并且以一二线城市里28～38岁的女性消费者为主。因此，产品的内容运营在考虑孩子需求的同时，还要考虑28～38岁已成为妈妈的女性消费者的需求，因为实际上最终的消费者是这些妈妈。

第 3 章

社群获客：手把手教你获得初始粉丝

　　谈到建群，90% 的人都会疑惑："我的第一批粉丝从哪里来？我的微信可能只有 80 或 100 个好友，我怎么去获得第一批 1000 个社群粉丝呢？去哪里找到我的流量池呢？只是到处加人到自己的微信吗？"本章就用理论兼具实践的形式，手把手教你获得初始的 1000 个社群粉丝。

3.1 引流价值：明确入群的好处

假如我们想要卖一瓶水，其实是有很多种卖法的。比如，一个商家给你喝一口，你觉得水好喝之后你再买；或者你一次买6瓶，商家送你一些福利；或者你买水，商家送给你一个定制的瓶子，其实真正卖的并不是水，而是瓶子。

很多时候，我们卖的就是一种好处，这种好处可能更值得我们花时间去打磨。

利他是这种好处的内核。一个群是为了帮助大家、赋能大家、造福大家而建造——这种利他的主张很吸引人，很容易让人产生好感并想要加入。

3.2 公域引流：运用免费流量的六大秘籍

在讲公域引流之前，首先要了解什么叫作公域。公域，即公共领域。公域引流就是在一些公共平台上吸引自己想要的客户。这就好比在一个池塘里钓鱼，谁技术好，谁钓到的鱼就多。这样的公共平台有很多，大家知道的抖音、视频号、快手都是非常强大的公域，但是真正能在这些公域中做得好的人不多，因为发的内容没人看，这就是我们做公域最大的"绊脚石"。

由于公域的流量巨大，平台不可能一一进行人工审核，因此我们发的内容，大部分是先给机器审核，再根据内容和质量推送给其他人。因此，我们想在公域里涨粉，首先要搞定机器。那么怎样才能创造出机器判定的高质量内容呢？这就需要我们做出爆款文案，只要你能写出爆款文案，就不愁吸引粉丝。

3.2.1 找到爆款选题

内容能否成为爆款，选题占 30% 的比重，选题决定了会有多少用户和搜索量。那么如何找到爆款选题呢？

要想找到优质选题，可以基于你的业务寻找关键词。比如你是做美妆的，那关键词便是"美容、护肤"，再细化一点，如"祛痘、淡斑、抗衰"，接着你到平台上搜索该关键词对应的内容，如文章、视频，把点赞、收藏、评论最多的前 50 篇找出来，模仿它们做出自己的内容。这些都是已经被验证过会成为爆款的选题，你先变一变内容，过段时间再发布，它还是会爆。

千万不要剑走偏锋，不要避开爆款内容。历史总是惊人的相似，曾经爆过的内容也会再次爆。

3.2.2 选择优质封面

选题好，封面好，这篇内容基本上就成功了 50%。有不少文案内容很精练、实用，但是配的图片质量太差，点击率就会大大降低。选封面，要保证清晰度足够高，最好是高清图，模糊不清的封面的点击率都不高。图片画面要赏心悦目，令人作呕的图片不要发。平时可以多看看优质的图片，把好的图片保存下来，构建自己的素材库，以便随时取用。账号的封面图风格要统一，不要变来变去。美食、旅行类文案把想要突出的主体放在中间位置，一个封面不要有三个及以上的主体。

3.2.3 写出爆款开头

文章开头的好坏决定了读者会不会继续读下去。用一部电视剧来举例，如果开头的几集没有看点，那么观众一定会很快就弃剧。专业的运营会不断地调整封面和开头的小细节。笔者总结了三种爆款内容的写作开头。

（1）提问式标题：怎样能在半年内增加两倍收入？

（2）反差式标题：每天熬夜却保持皮肤白嫩，我是如何做到的？

（3）巧用数字标题：2021 年打造个人 IP 最有效的 5 种方法。

3.2.4 直击目标客户痛点

认真揣摩目标客户有哪些痛点，比如减肥美容领域，可以参考有肚腩、腿粗、微胖等问题，开头就戳他们的痛点，一下子吸引他们的注意。

如果你对目标客户还不够了解，可以参考竞品的海报、广告，或者到抖音直播间、微博等的评论区，甚至淘宝的差评内寻找用户未能被满足的需求。

最好的办法就是洞察客户一天的行程——在什么时间会去哪些地方、做哪些事；在这一过程中，什么场景下可能会用到产品。

根据时间进行划分：工作日、周末、节假日、早上、晚上、夏天、秋天等。

根据地点进行划分：出差旅行途中、地铁上、家里、办公室、公园等。

告诉客户"如果没有这个产品，你在某个场景下会有多糟糕"，这就是直击痛点。

3.2.5　重要内容写在前

在信息爆炸的时代，用户的时间越来越宝贵。因此，你的文章要在一开始就告诉用户打算讲什么，在内容的开头就讲清楚自己是推荐什么东西的，要给用户分享什么，可以为用户解决什么问题。这样直截了当的开头，可以迅速吸引用户，引导他们继续阅读。

尽量把最重要的部分或文章的中心思想写在最前面，如果成功引起了用户的共鸣，他们自然能够一口气读到底。切忌铺垫过多、废话过多。要知道，用户只有 1 秒的时间记住你，3 秒的时间喜欢你。

3.2.6　蹭上热点话题

在公域平台，如果内容包含热点话题，你的文章首先被机器看到的概率就会变得非常高。比如，可以将热点话题与自己的内容结合在一起，如此一来，流量立马就来了。关于如何寻找热点，我们可以每天关注抖音、微博热榜，看看大家都在聊什么，然后跟自己的专业领域相结合，完全可以借助热点开头。

有了热点，还要学会蹭热点。蹭热点最简单的方法就是开头用 50 ～ 80 个字简述一下热点内容，之后就可以讲自己创作的与热点相关的内容了。

那么，如何将公域流量引导到自己的私域里？很简单，可以发布他们感兴趣的话题，让他们私信你。以笔者的账号为例，如果下个月要开文案营，需要一波"精准粉"，就会发个视频或者文章，在结尾告诉他们"私信后台给你免费发文案模板"，感兴趣的人就会发私信，接下来就被引导加上微信或者关注公众号。通过这几个步骤，粉丝就来到私域流量池了。在私域里，我们以"朋友圈 + 社群"的方式成交，形成闭环。

3.3 私域生态引流：提高影响力八要素

私域生态有三大板块：朋友圈、视频号、社群。其实它们的底层逻辑都是相通的，就是通过不断提高自己的影响力来完成被动吸引。

如何在私域生态里提高自己的影响力？影响力八要素即权威、稀缺、喜好厌恶、承诺与一致、联盟、对比、互惠、社会认同。这些要素我们逐一来介绍。

3.3.1　权威

权威的核心就是信任嫁接，也就是借力信任。信任是可以借力的。那么，我们如何让别人快速相信我们呢？借力权威是一种很好的办法，可以帮助我们快速获得信任。

具体方法如下：（1）专家证言，如果一家公司的产品有专家的认可与推荐，那么大众通常更愿意购买；（2）证书资质，如果一个人说自己的社群运营技术专业，那么他参加过专业培训，并获得了国家认可的证书，就更有说服力；（3）有报纸或电视报道，一旦有了媒体报道，品牌在人们心目中的形象一下子就不同了。

3.3.2　稀缺

稀缺的核心就是，人类都是厌恶损失的。不知道你是否有这样的体会——丢 10 元钱的痛苦是捡 100 元钱也抵消不了的。人类对于损失和失去有更深的心理感受。那么，怎样促成稀缺呢？很简单，限时、限量、限购。

此外，还可以召唤那些高价值的稀缺用户。比如，购买苹果手机新产品需要预订，因为限量销售，结果反而抢的人更多了。营销界称这种营销模式为"饥饿营销"，这就是非常典型的打造"稀缺感"的模式。

3.3.3　喜好厌恶

要抓住喜好厌恶，可以制造愿景或制造理想状态来吸引用户，也可以直击痛点来使用户产生厌恶感。

当用户享受到拥有一件产品带来的好处后，他就会觉得这个产品的价值大大增加，再让他看到生活中有很多机会能体会产品带来的快感，他的购买欲望就被激发了。

或者告诉用户，错过了这款产品会损失什么，也能激发用户的购买欲望。

3.3.4 承诺与一致

承诺与一致的核心就是言出必行，可以用"零风险承诺"，甚至是"负风险承诺"。举个负风险承诺的例子，客户支付 99 元，对课程不满意的话，退回 100 元，也就是说还多退了 1 元钱，这种方式特别适合单价低的产品。再如 7 天无理由退换货，这种承诺与一致，既适用于商家，也适用于买家。

比如，笔者曾遇到一个做电商培训的老板，跟大部分对自己的服务做承诺的人不同，他是要求学员做承诺。大家知道，做培训最常遇到的问题是学员不听课，这就导致培训没有效果，但是他会反过来说是课程不行或老师不行。这位老板很好地杜绝了这个问题。每个付费的学员报名之后，都会接到一通电话："您好，感谢您对我们的信任，报名了我们的培训课。我们的课程跟其他培训机构的课程不同，并不是一次性把所有课程都给你，而是一节一节地给，你听完这一节课并按照要求写作业，才能解锁下一节课。你能接受吗？能够接受的话，就按照我们的要求来；不接受的话，我现在把钱退给你。"

请问，如果是你接到这样的电话，你会拒绝吗？很大一部分的人，接到这样的电话都会很开心，觉得这个机构非常负责，确实，90% 的人都不会拒绝，那么既然学员做出了承诺，这个"承诺与一致"也同样奏效。愿意听课的，都会认真听完课，并且取得成果。那些不听课的学员会明白是自身的问题，所以也不会评价课程不好或老师不好。因此，他们做培训 8 年，客户满意度一直以来都非常高，利润率也很高，因为不用聘请专门的客服人员去处理投诉。

3.3.5　联盟

联盟的核心理念是，我们是一个群体，我们都有一个共同的"敌人"。这种二元对立也很容易拉近成员间的关系。比如：地域联盟——×××上海分会；相同的职场经历——职场小白晋升群；相同的爱好——每日米其林餐厅交流群；相同的星座——金牛座运势群；相同的年龄范围——"70 后"大叔群；相同的成长经历——留守儿童成长群；相同的创业经历——A 轮融资奋斗群。

在方法上，不仅可以设置对立面，而且可以设置一个目标，比如前面在讲社群名字时所说的"每天 10 个单词""每天陪娃一小时"，可以通过完成一个目标来形成这种联盟的感觉。

3.3.6　对比

对比的核心是制造一种强烈的反差。我们都知道，吃了糖再吃橘子就会觉得橘子酸。同理，先搬一个轻的物体，再搬一个重的物体，就会觉得第二个物体重。

对比会影响人们对事物的认知，导致认识与实际产生偏差。比如，带人看房的销售会首先带客户看几套特别差的房子，然后看一套好的房子，客户很容易对后看的一套好房子心动，而如果直接先看一套好房子，没有前面几套特别差的房子做对比，客户往往很难一下子就做出决定。

3.3.7　互惠

互惠的原理是有社会心理学做理论支撑的，大概是说，如果人接受了来自别人的一些好处，便会尽力回报，因为人都不愿意欠别人太多。同理，当我们给客户一定的优惠和帮助时，客户也会被激发，继而做出比较好的行为。互惠的原理其实就是双赢，也就是使用一个双赢的决策，双方都能获得价值，自然也就更容易达成一致。

就具体操作而言，可以给客户一些转介绍的优惠或者一些让利，以促成客户的购买或者转发裂变。

3.3.8　社会认同

社会认同的核心是从众心理。当得知一个商家的总客户量特别大，复购率和转介绍率特别高的时候，大部分人愿意从众，而且都会觉得，这个商家的产品或者服务确实是好的。举例来说，有两家饭店，一家饭店门口排着长队，另一家饭店门口冷冷清清，你会选择哪一家？一定是排着长队的那家，这就是从众心理。

以上就是提高社群影响力的八要素，也许你曾经学习过一些结构方面的技巧，比如写朋友圈文案的技巧，但无论用的是什么技巧，最终传递的就是这些要素。这些要素体现在你的视频号、微信朋友圈、社群、海报等各种媒介上，塑造了你在别人心中的影响力。

接下来，笔者以自己在微信朋友圈的发文为例，拆解出具体的步骤，如图 3.1 ～图 3.5 所示。

图 3.1　微信朋友圈案例一

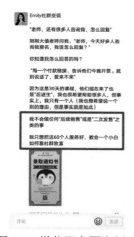

图 3.2　微信朋友圈案例二

图 3.3　微信朋友圈案例三

图 3.4　微信朋友圈案例四

图 3.5 微信朋友圈案例五

值得注意的是，在发微信朋友圈之前，要对自己的产品和服务的卖点有清晰的认知。在宣传的时候，一定要把这个卖点给讲透。最好的办法就是，一条微信朋友圈文案只讲一个点。

视频号、社群分享的内容也是一样。千万不要贪心，用户画像不要贪，内容宣传不要贪。定位卖点，切口越小，"刀锋"越尖、狠、准、稳，这不仅适用于私域，而且适用于公域。

3.4 微信朋友圈打造：如何包装个人微信号

在当今的信息化时代，微信朋友圈的重要性甚至已经超过了一个人的容貌与气质。据统计，微信朋友圈功能发布至今，每天进入微信朋友圈的用户数量一直在增长，微信朋友圈的日活用户有 7.5 亿名，平均每个用户每天还会贡献 10 多次的浏览量，所以微信朋友圈单日浏览总量就有 100 亿次。打造微信朋友圈，其实就是将自己的人设呈现给所有朋友，给所有朋友留下个人印象的过程。微信朋友圈是一个表现自己的地方，那么如何打造一个高品位、有温度的微信朋友圈呢？想要打造好微信朋友圈，就得先明确自己的微信朋友圈"四件套"是否得当。

3.4.1　昵称

每个人所打造出来的微信形象，说是一张个人名片也不为过。以前看到一个人的性格和特点与其姓名很符合，我们会说"人如其名"，而现在大家会通过微信昵称 + 微信朋友圈来判断一个人的内在：在新加上一个人的微信后，第一件事往往是看他的微信名，然后猜测他是哪种性格的人，再去看他的微信朋友圈来确认猜想。

昵称起到给人第一印象的作用，所以它的重要性不言而喻。那么如何取一个有品位且高雅的昵称呢？好的昵称一定具有好听、好写、好传播的特点，最好还能与自己的社会地位相符，而欠佳的昵称往往带有符号、生僻字或者电话号码。注意，昵称最好不要全是成语或外文。

3.4.2　头像

无数实例证明，头像也是一个人形象的重要参照物之一。要想在他人面前展示自己光鲜亮丽的一面，就必须用一个好的头像。一个好的头像应该是真人正面照，五官清晰且脸部的比例大于整体画面的 1/3，这样才能让别人看清楚。尽量不要有遮挡物，比如墨镜、头巾、口罩等，也不建议使用猫狗、卡通人物做头像。许多人钟爱的风景图或者公司 logo，无法显示出一个活生生的人特有的格调和修养。

3.4.3　背景图

比起上述两个要素，微信朋友圈的背景图往往更容易被大家忽视。背景图是他人点开你的微信朋友圈之后形成的第一印象，彰显了你的喜好和品位，是难得的展示机会。

一个优秀的背景图应该是充满烟火气的生活照，既可以是你在工作时努力认真的样子，也可以是你在会场自信演讲的样子，或者是你与重要人物的合照等。此外，还可以展示自己的作品、成果。比如，你在多长时间里帮助了多少人。

3.4.4　个性签名

一条有意义、有内涵的个性签名可以帮你博得众人的目光，可以将你优秀的一面展现出来，也可以传达你的价值观。一条真正优秀的个性签名要传达使命愿景与价值观，比如多长时间可以帮助人达到什么状态。这样的个性签名会感染人、教育人，甚至会让人更加尊重你，对你产生好印象。比如"帮助 1000 名妈妈成为有颜值，事业有成且育儿有方的'三有'妈妈""帮助 1000 名女性经济独立，灵魂挺拔"。

3.4.5　微信朋友圈文案

自媒体的定义很多，人们普遍认为自媒体就是微博号、头条号等，也有人认为短视频号和直播号是自媒体，其实我们的微信朋友圈才是最重要的自媒体，它对粉丝的运营有助于我们立人设和建立关系。微信朋友圈文案往往能真正实现转化。触电会创始人龚文祥有 36 个微信号，每天发 20 条微信朋友圈。

微信朋友圈并不是发一次就能一劳永逸的，而是与其他自媒体账号一样要有持续产出的能力。这里提供 10 个万能公式，帮助你激活微信朋友圈。

（1）【痛点＋使用产品＋结果＋暗示行动】

（2）【价值＋赠品＋负风险＋收款二维码】

（3）【震惊＋出乎意料＋结果＋行动】

（4）【日期＋活动＋方案＋暗示行动】

（5）【新产品＋数量限制＋暗示行动＋好处】

（6）【最近见证＋筛选标准＋暗示行动】

（7）【对比＋好处＋暗示行动】

（8）【送给 ××＋超赞回馈＋暗示行动】

（9）【参照物＋负风险＋暗示行动】

（10）【就是你＋太幸运了＋暗示行动】

3.5　微信朋友圈营销的六个关键点

微信朋友圈的文案是个人化的，不是对大众说话。哪怕你微信列表所有的好友都会看到，你也要清楚他们都是独立的个体，而每个人都希望得到特别的对待。

比如这条微信朋友圈文案："见了一个很久未见的同学之后我有不少生活感悟，不知道你是不是有同样的情况……"

就像这样，用第一人称把别人带进你自己的故事里，然后用小故事阐述自己的论点。如果你是为了达到某种营销目的，最后再把点落在结果上。

3.5.1　身边人的例子要大于明星推荐

当你在微信朋友圈推产品的时候，用身边人或者老客户的案例来推，要比用 KOL 或者明星推荐效果好。

为什么这么说？道理很简单，因为大家都相信使用过产品的人的真实感受，正如大家买东西前都要去看评论区。比如笔者有很多长期合作的客户会向自己的朋友推荐笔者的数据增长服务，并且新客户的成交率很高，成交速度也很快。由此可见，让客户信服的一定是产品的使用感受，退一步讲也应该是客户的亲身感受，而不是明星代言。

举例：

昨天看了下自己的购物车，发现我这一年买面膜花了 18643 元，但说实话，真正有用的就这两款。

它们不是大品牌产品，但对于像我这种 ×× 肌肤的人来说是很合适的。

6 月的时候去海南 ××（地方）玩，我的脸被晒得非常痒，回酒店之后敷上这个面膜，待睡觉的时候脸就舒服多了。

这里尽量把细节讲清楚，比如时间、地点和人物，让客户更加信服；同时注意，重点在于推销产品，而不在于做一个"高级凡尔赛"。

3.5.2 不要把自己的成功描述得太容易

笔者看过很多做微商和做自媒体的人的微信朋友圈，最大的问题是过分营销与过度营销。很多人会说自己是 CEO、创始人或者发起人。这样做并不是完全不好，而是如果你的身份是一个陪伴者，要比领导者驾驭起来更轻松。还有一些人会晒自己的收入截图，或证明自己财力的照片。不过，笔者建议收入可以晒，但也要展示自己的辛苦付出，展示自己获得这一切的努力过程。

举例：

今天买了一个 iPone 12 Pro 和一个腰带作为给自己的新年礼物。

这 3 个月每天做运营课程录制，直到凌晨 2 点才休息，一套课程卖了 4 万元。

还是有一些心疼啊，但是实在很喜欢这个手机与腰带。

3.5.3 互动，就是把选择权交给微信朋友圈中的好友

微信朋友圈有一个最基础的功能，就是互动。要记住，微信朋友圈不是电商平台，不是用来发单的。怎么主动和用户互动呢？答案就是让他们帮你做选择。分享以下两种情况的互动。

"今天终于要做自己的第一张讲师海报了，大家帮我看看用

哪个头像比较好一些？最好是专业又不失格调的。另外，这套课程我准备了半年，倾注了自己所有的职业技能，感兴趣的同学可以随时私信我了解，转发还有分销奖励哦。"

"昨天聊了第一单企业用户，今天去正式签合同，大家帮忙想想，我是穿正装好，还是穿得休闲一些好？有点兴奋，自己的努力还是有成果了。"

记住，不要提开放性问题，一定是准备好答案，让用户做选择题，否则用户也不知道说什么才好，会降低互动率。做社群分享或公众号粉丝运营，要写好标题也是同样的道理。

3.5.4　生活碎片要发，但不要随便发

发生活的内容，是让微信朋友圈变有趣的方法之一。如果全是工作有关的内容，大家会觉得你是一个工作狂，或者是一个机器人运营的营销号，那不是潜在用户想看到的。

发生活的内容，需要体现的是生活的正能量、有趣味、积极向上。可以分享一些好书，本地打卡一些美食店，或自己做的手工、参加社交活动的照片。但同时要记住不要过于频繁，也不要展示自己觉得很有趣实际上却很低俗的内容。

3.5.5　内容要具有分享价值

毕竟一个人的微信朋友圈用户数量有限，尤其是对一些不太擅长引流的朋友来说。那么，怎样才能让用户帮你把内容分享出去，让更多的人来加你好友呢？

1. 图片要精美，分享出去有面子

平时拍照片要注重美感，多保存一些高清美图。另外，自己的照片要加上签名水印。

2. 微信朋友圈用话语引导

假如你做美妆方面的内容，平时会分享一些皮肤护理的小技巧，那么一定要在微信朋友圈的结尾补充一句："大家可以把这个技巧分享给有 ××（皮肤问题）的朋友，说不定能帮她节省下好多时间和钞票呢。"

3.5.6　找到同频的用户，观察竞品的微信朋友圈

缺少用户思维的主要表现就是主观臆断。大部分人会陷在自己的思维怪圈里跳不出来。笔者曾经在很长一段时间里，因为微信朋友圈转化效果不好，每天都在思考和复盘，但是意义并不大。于是，笔者就加了一些做社群的人，从各大社群里加了整整 50 个玩私域流量的朋友，每天看他们的微信朋友圈记录。

总结对比后，我终于找到了自己的问题：虽然为了链接这些优质的同行，笔者也曾付了几千元，但是通过这种方式筛选到了优质的圈层后，笔者能够每天围观高质量的微信朋友圈，大大提高了笔者的迭代效率。同时，当微信朋友圈的文章质量快速提升后，就再也不担心被折叠，因为好的内容就是王道。

3.6 公众号引流"三问"

做好公众号引流文案，至少得思考以下三个问题。

3.6.1 老用户为什么打开我的文章

一是因为选题，二是因为标题。

1. 选题

好的选题直接影响老用户的点击率和文章的转发率。一篇文章80%的成功取决于选题。选题首先要依据目标群体的需要定位。时刻问自己："我的目标群体是谁？他们对什么话题感兴趣？我的内容能帮到他们吗？"这一切都需要反复验证。老用户愿意追随你一定是有原因的，很可能是你的账号帮助他们解决了某些问题。每个选题都要或多或少地为用户提供有价值的信息，帮助他们解决某个问题。

通常有以下三类选题是用户更愿意打开的：

（1）干货类，可以提供技能指导。

（2）情感类，可以帮助抚慰心灵。

（3）热点新闻类，可以缓解信息焦虑。

这三类选题的内容基本上是每个人都需要的，它们帮助用户解决知识焦虑、情感焦虑或信息焦虑的问题。

此外，选题应聚焦，老用户才会更愿意支持。做公众号最忌讳的是没有明确的定位。如果选题方向飘忽不定，就会显得内容乱七八糟，不利于提高粉丝黏性。尽管新用户因为一时喜欢可能会关注你，但这是暂时的。他们只是为了方便地阅读后续内容。如果文章的选题方向很明确，当他们第二次、第三次阅读你的文章时，发现垂直度很高，而且是持续的，这时粉丝的黏性会大大提高。另外，除了常规选题，利用热点会让内容更加开放。找热点需要很强的网感，要么速度够快，行动力超强，赢在时间上，要么选题角度足够独特，思维敏捷，赢在手艺上。

2. 标题

有个媒体朋友曾说过，一个会写标题的人抵得上千军万马。取标题有很多技巧，比如通过制造悬念引起好奇心、利用数字符号、与"我"相关、制造冲突、追逐热点、引用对话、标明区域等。不管技巧有多少，重点都是多思考、多总结，多发布、多实践。

3.6.2　看的人为什么分享我的文章

内容要好，有值得分享的点，且不损害分享者的利益。

首先，文章内容质量过硬。如果一篇文章没有为用户提供一点价值，甚至毫无逻辑，那么用户能否看完都是问题，更不会转发。

其次，内容需要激励读者转发。比如销售一个产品，我们需要提炼清晰的卖点。想要读者帮你转发一篇文章，就得思考以下几个问题。

这篇文章能给读者提供谈资吗？

这篇文章能帮读者表达想法，说出他内心想说的话吗？

在读者分享这篇文章后，他期待的社交形象能被塑造或强化吗？他的朋友、家人、同事也会得到帮助吗？

以上每一个问题获得正向答案，都可以使读者形成转发的动力。内容方面以外，还有几个因素也能起到促进传播的作用。比如，你和用户经常互动，甚至加了微信经常联系，关系很好；再如，文中明确提到分享后的好处，包括得红包、免费领资料、分享后进交流群等。

另外，犀利的观点、独特的见解从来都是新媒体内容传播的宠儿。很多选题的角度是雷同的，涉及的热点可能是同一个，甚至故事也可以是一样的，但是只有新颖的观点才能打造独一无二的效果。学习新媒体写作，文章的内容必须有独特的立场和观点。只要内容好，知识质量高，大家就会点赞；但是，带有独特的观点才能促使读者产生共鸣且自愿分享，观点就是引爆点。没有观点的文章就没有灵魂。

最后，强调一点，强制分享效果肯定不如主动诱发好，并且不能因为文章转发而损害读者的利益和形象。

因此，我们也需要考虑内容的导向，注意内容不能过于负面。尤其是标题，客户体验是十分重要的。不能只考虑点击率而肆无忌惮地做标题党，劲爆的标题可能会吸引读者打开，但是当点进去，发现内容毫无价值时，读者也不会转发，反而可能会取关。

由此可见，标题也需要是有利于分享的。如果读者因为把文章分享到微信朋友圈而影响自己的社交形象，那么谁也不愿意分享。因此，标题不仅要利己，更要利他。

3.6.3　外部用户为什么愿意关注你

一个自媒体账号需要有足够多的理由来呼吁外部用户关注，

而且不需要很高的门槛。想象一下，公众号上的老用户点开一篇文章，并在阅读后主动分享，许多没有关注你的人看到了这篇文章，发现标题很有吸引力，在打开了之后，问题来了：他们为什么要关注你？

首先，你应该为新人提供充足的理由。不用说，内容本身应该很好。接下来要靠你的官方账号内容的垂直度和可持续性。一般来说，当你的文章吸引到新用户时，他们会点开账号详情页，看之前的文章。如果他们发现历史文章内容很乱，几个月只发了一篇文章，他们可能不会关注你。你可以准备一些活动，比如关注后获取信息包、工具包、折扣包、课程包等，引导他们进入粉丝交流群。

有些公众号喜欢做连载型文章，也就是让新用户对一篇文章满意，自然会关注账号，因为想继续看，有些公众号会做下一篇的预告，原因也是一样的。有些公众号会开发一些功能和服务，以留住新用户。还有一些运营者很聪明，秉承"人无我有，人有我优"的理念，总是比其他公众号做得好一点。例如：排版更精致；每篇文章除了文字，还附有录音或视频，甚至是思维导图；每个话题都会有讨论和互动等，这些可以有效提高关注度。

当然，我们也需要引导读者看到公众号上的关注。要知道，少数新读者特别想关注你，大部分读者都处于关注与否无所谓的状态。这个时候，有明显的关注提示会起到心理暗示的作用。关注和不关注之间可能只差一个引导。一般来说，关注的理由越充分，门槛越低，关注度就越高。以上是公众号内容上的三个核心问题，除此之外，还要随时思考：老用户为什么打开你的文章？

看的人为什么分享你的文章？外部用户为什么愿意关注你？所有的问题都有你自己的推广过程和逻辑，而不应是混乱的。要从底层开始，有条不紊地解决问题，或许不一定能取得成功，但对于不知道从哪里开始着手的人来说，这是最高效的解决办法。

3.7　短视频引流文案万能四步法

引流文案是有写作技巧的。首先来说短视频选标题，你要提出一个问题，然后给出一个解决方案，这个方案一定要简单、易操作且行动成本低。

下面以美妆行业为例：

"冬天来了，皮肤越来越干燥怎么办？教你四步，做好保湿。"

"防晒霜怎么选？教你看下面两个数值。"

"不会给女朋友选口红怎么办？以下三种色号绝对百搭，不踩雷。"

正文可以用万能四步法——发现现象，感受痛苦，分析原因，给出答案。可以参考以下案例。

减肥行业："最近发现胖子越来越多（发现现象）。肥胖的危害真的很大，美女变丑女（感受痛苦）。肥胖的原因有很多，99%的人是管不住嘴、迈不开腿（分析原因）。我这里有一个不用忌口、不用吃药、不用运动却能瘦的方法（给出答案），要不要来试一试？"

服装行业："肤色发黄的女孩买衣服颜色太难选了（发现现象），挑错了颜色会显得脸又黑又老（感受痛苦），但皮肤颜色很多时候又是天生的，这三种颜色不仅显白，还超显气质（给出答案）。"

健身行业："很多女孩其实不胖，但是小腿粗，穿裙子特别不好看（发现现象），其实这跟你长期久坐有关系（分析原因），每天做这三个动作，一周就能瘦一圈（给出答案）。"

3.8　筛选优质社群的四个关键标准

社群本质上是有着相同兴趣的用户在一起交流的地方。社群在商业化方面有巨大的价值，那么如何辨别社群的质量和潜在商业价值呢？这里有四个关键标准供大家参考。

3.8.1　优质社群大多是付费社群

社群门槛越高意味着社群质量越好，将收费和任务作为入群门槛并不是谁都敢做的，只有对自己的服务非常有信心的社群才能持续用高入群门槛来做社群用户筛选。付费学习的意义有两个：（1）跟老师发生连接，相较于看老师发文章自己在底下评论，加入付费社群可以与老师进行更进一步的交流；（2）可以跟学员们发生连接，加入这个付费圈子的人都是有经济基础且乐于学习的精英人士，与他们产生联系、增进友谊是大有裨益的，但要根据自身情况选择性地加入。

3.8.2　选择有活跃度的社群

有活跃度的社群更容易吸引粉丝，且社群产生的信息量与活跃度呈正相关关系。有的社群虽然粉丝质量很高，但是没有人说话，也就达不到引流的目的。

一个活跃度高的社群，商业价值转化率也会更高，也就是说在这样的社群里吸引粉丝，后续的转化和带货都会变得十分容易，也更容易收回成本。

需要注意的是，此类社群的活跃度要维持 2～3 个月，在活跃度高的时候进行引流效果是最好的。

3.8.3 选择的社群一定要是百人以上的社群

选择百人以上的社群是极其重要的，原因显而易见——社群用户基数大就意味着引流目标多，引流效率也会大大提升，且往往意味着社群活跃度高。很多人可能听说过 150 定律（rule of 150），也就是著名的"邓巴数字"，由英国人类学家罗宾·邓巴（Robin Dunbar）于 20 世纪 90 年代提出。该定律把猿猴的智力与社交网络进行推断得出结论：人类智力可以允许一个人拥有的稳定社交网络的数量是 148 人，四舍五入后是 150 人，也就是说，一个人能拥有 150 个人的稳定社交。在实际应用中，除去社群的运作管理人员，一个合格的引流社群应该至少有 200 人。

3.8.4 选择和你的定位相关的社群

选择和你的定位相关的社群，且社群里的人要能借助共同的价值取向解决自身的某个痛点。比如找到情感慰藉、互动乐趣或者现实利益，三者满足其一，社群就能持续运转，所以要与社群里的其他人建立联系，就要选择与你的定位相关的社群。"物以类聚，人以群分"，通常相同社群里的人会有共同的价值观。共同的价值观能够指导和统一社群成员的意识，使其形成一些具象的内容。有相同的定位和价值观会使引流事半功倍，轻松又有效。

3.9 混群高效引流：八种方法让你成为"群红"

每个社群都需要有若干个榜样，也可以叫作 KOL 或灵魂人物。比如去中心化的"007 不出局"社群以无数普通人为榜样，通过普通人来传递价值理念。这种榜样会比大咖更有说服力。榜样的影响力越大，在社群里的发言权就越大，吸引力也就越大，因而也越容易引流。下面有八种方法让你成为"群红"，流量滚滚来。

如何成为一个社群的标杆呢？方法如下：快速学习 + 实践总结 + 成果展示 + 社交关系。具体如何实践操作，下面详细介绍。

3.9.1 在社群里多展示自身成绩

一方面，成绩包括自身成长成绩和收益，如你的各种成就、获得的财富和荣誉等；另一方面，成绩也包括你怎么样帮助他人成长，换言之，假如你在社群中秀肌肉，不仅要秀自己的肱二头肌，而且要秀你的菩萨心肠、你的价值观，展现你帮助他人的能力，这样才会显得你更加出彩，社群里的其他成员也会更加信服你。

3.9.2　社交关系要处理好

处理社交关系是一个复杂的命题，但在社群中，这一问题变得格外简单。在社群中你只要处理好和群主的关系，几乎等于处理好了和群员的关系。在关键时刻群主会主动推你，帮你"吸粉"，助你一臂之力，让你的引流带货水到渠成。

3.9.3　在社群中要时不时地进行干货分享

干货分享也是一种"秀肌肉"的行为，能让你在社群中树立威信。另外，在分享的时候，要先树立自身在某一领域的权威地位，输出高启发性内容和硬核干货。

3.9.4　多解答社群里的问题

高质量地回答群里的问题也可以帮助你"吸粉"，但是回答什么问题、怎样回答问题是有讲究的。一定要选择自己擅长的问题来回答，若不是你擅长的方向，也可以就某一方面进行解答，且答案一定要简洁、专业，以便凸显你的素养和能力。

3.9.5　要多发红包

如果你多发红包，特别是连续发红包，能引起群内学员的关注，从而达到吸引粉丝的目的。发红包可以表达你想与群里人交朋友的态度，这是一种示好的方式，友善但不媚俗。

3.9.6　多在社群里分享资源

多分享大家需要的高价值资源，从而博得他人的好感与信任，也能展现你的大度与无私，是一个多赢的举动。注意，资源获取要强调加好友私聊获得，这样可以与其他群员加深交流与联系。

3.9.7　强化自我介绍

写出最好的自己，保持一定的更新频率，持续自我输出，让大家了解你好的一面，对你的认知更加丰满立体，让群员对你产生一种仰慕之情，就算没有感染到他，也可以加深他对你的印象。

3.9.8　重视自己的社群昵称

要有一个高价值抬头＋昵称，如"社群发售女一号××"。这样的昵称会让大家注意到你，从而会有兴趣进一步了解你，与你增进联系，进而被你吸引，如图3.6所示。

图 3.6　群昵称案例

3.10　建立社群前必做的三件小事

很多人在建立社群时都会忽略一些小事，这往往会导致社群最后分崩离析。下面列举的三件小事，在建群前必须做到。如果做到的话，就会使你的社群建立事半功倍，社群运营也会如鱼得水。

3.10.1　提前给用户打标签，根据标签分类建群

确定你所建立社群的精准用户，他们有什么共同点？可以是基于某个产品的喜爱，拿手机来说，有苹果、锤子、小米；也可以是基于某种行为的，如喜欢旅游的"驴友"群、爱读书的阅读交流会；还可以是基于某一个标签的，如同为一个星座，同为某明星的粉丝；甚至可以是基于某个空间的，如某住宅小区的业主群；另外，还可以是基于某种情感的，如老乡会、班级群、校友群等。

社群里的人要能借助这个标签，连接解决自身的某个痛点。因此，在做社群产品定位的过程中，标签越精准越好，如果范围太大，很容易导致人群定位不清晰。例如，某人在打造一款针对上海青少年的文化类产品，最初从"上海文化"入手，发现难以吸引到种子用户，通过用户痛点分析，把范围缩小到"沪语"，因为切入点小，所以社群迅速搭建起来了。

3.10.2　设置入群门槛

对于社群的加入，有门槛比无门槛要好很多。虽然初期"聚粉"非常困难，但是门槛能够筛选一批标签精准、高质量的启动用户，

他们是社群能够持续发展的关键，因为这批用户就是社群的内核，你要从这里出发，探寻更多的可能。

如果任何人都可以加入社群，那么这个社群就成了乌合之众，会很难持续发展。所以社群设立时一定要用门槛保证粉丝质量，筛选精准用户，过滤无效用户，进群门槛的高低决定了社群质量的高低。当人们习惯了免费获取，就不会懂得珍惜，所以一个高质量的社群肯定是一个高门槛的社群，社群成员由于"付出感"会格外珍惜这个社群。

3.10.3　要让新人快速融入社群

若要让一个新用户快速融入社群，可以帮助他们在社群中体验到以下四种感觉。

（1）仪式感。进群前要有审核报告，进群后有欢迎仪式、自我介绍环节。

（2）参与感。要让用户参与到活动的环节中，积极听取他们的意见和需求。例如，通过有组织的讨论、分享，确保群员有话说，有事做，有收获。

（3）组织感。要让用户协作完成某个项目或活动，比如设置群管理员，进行多层管理，或者对某个主题进行分工、协作、执行，保持社群的战斗力。

（4）归属感。要鼓励用户为他人提供价值，让用户知道自己很重要，感受到被组织需要。

新用户体会到这四种感觉后，会依赖和认同社群，新鲜的血液源源不断地汇入，从而社群得以不断地壮大发展。

3.11 如何让群内用户主动来找你

在人人可从商、人人可做社群的今天，如何让自己经营的社群从众多社群中脱颖而出？如何在其他群内用自己的发言吸引到别人，提高主动添加群内好友的通过概率？甚至让群友主动来找你？相信这些问题一定困扰着大家。其实，要想让别人主动找你，首先要让别人愿意信任你。下面介绍四种方法以供大家参考。

3.11.1 复盘分享

社群是一个提供价值的地方，当你能够提供价值，就会有人主动找你。比如，你可以对自己的任何收获进行整理，最好是非常有用的知识，然后找一个合适的时机在群里分享。

比如，在一个学习社群营销技能的群里，你可以用聊天的口吻说："刚刚，我在一个群里随便分享了一些内容，就有十几个人主动加我微信。大家想知道我是怎么做到的吗？想知道的话，我给大家复盘一下。"你分享的内容一定是社群成员感兴趣的。

3.11.2 利他

利他不是口号，是需要真正落地的。比如少在群里闲聊、发表情、刷屏等。积极整理优质内容，有第一手的信息或者资料第一时间分享到群里，方便其他人爬楼学习，有合适的资源要积极帮助大家对接。

　　他人有不懂的地方，要主动帮忙解答。群里其他成员取得成绩，及时给予赞美和鼓励。没有人不喜欢被人夸赞，人们都希望受到重视，希望全群的人都关注自己。

　　比如，笔者有一个学员经常主动整理老师的金句，做成漂亮的卡片，分享给别人，她给自己的定位是视觉笔记，因此经常分享漂亮的视觉笔记。后来一位有一万名粉丝的老师找她合作，请她配合自己的课程制作视觉笔记，她一下子就被很多人知道了。因此，利他就是利己。

3.11.3　坚持打卡分享干货

　　每天固定一个时间在群里分享一段干货，并长期坚持。不要发一些笑话，要分享符合大家学习需求的内容，类似以下内容。

　　（1）影响顾客购买的第一个障碍不是"我不满意"，而是"我不喜欢"。喜欢，是可以被"经营"的，不仅是产品，"经营"喜欢，同等重要。

　　（2）如何根据用户需求做一款有灵魂的产品？产品的灵魂源于自身的竞争优势。这种竞争优势不是凭空产生的，而是基于对用户需求的关注，需求创造价值。

　　（3）高手都是历练出来的：超越常人的付出＋逼自己一把的决心＋对目标追求的渴望。

　　（4）懂得塑造价值的人，绝对是营销高手，甚至可以把极为普通的产品以不菲的价格卖出去。

　　最好同时体现你的诚信和专业度，和微信朋友圈打卡有异曲同工之妙。

3.11.4 改群昵称

如果有些群没有固定群昵称的格式，建议把自己的群昵称改成"姓名＋标签"或者"姓名＋提供的价值"的形式，如"Emily＋社群运营""Emily＋让你的群更活跃"。这能让群昵称成为一张名片。当你在群里发言或者被别人提到的时候，就可以展示你的名片。如果有人对你的标签感兴趣，就会主动加你为好友。

最后，在群里互动多了，大家对你有些印象，你获得了一定的认知度时，也可以在群里主动添加他人，通过率会比较高。

3.12 社群引流闭环

社群引流有一个闭环：引流—解决问题—成果展示—引流（概念验证的最小模型），如图 3.7 所示。也就是说，第一波引流之后，你还可以通过给这些新添加的人解决问题，再到群里展示成果，完成第二波引流。这可以成为一个无限添加循环的引流。

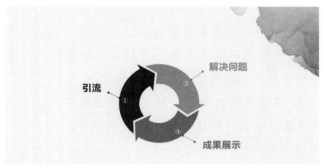

图 3.7 社群引流闭环

3.13　社群活跃时间

如果你是一个标杆型的人，最好是在固定的时间，多群同步发送。比如报告喜讯，其实可以编辑好相同的话术在多个群同时发，只不过提到的老师不一样。在固定时间推送消息不仅可以加深用户对你的活跃时间的印象，而且对你来说非常高效，可以标记好群备注，多群同步发送。

如果你的引流非常有效，大批量的人来加你好友，一个一个地通过会十分耗费时间。可以每天固定时间通过，一通过就发一个自我介绍模板。如果用户问你更多问题，一般引导他去看微信朋友圈，看过你的微信朋友圈以后，他会对你的收费服务体系有一个基本的了解，后续转化起来也比较轻松。

3.14　案例：如何从零开始快速获取 1000 个优质初始粉丝

微信引流：微信个人号涨粉引流的形式，包括主动引流和被动引流。笔者加了好几万微信好友，跟大家分享一下从零获取1000 个优质初始粉丝的实战经验。

3.14.1　主动引流

什么叫作主动引流？用一句话概述就是，通过工具和技巧的运用，成批、快速地加别人为好友。

主动引流的路径是这样的：个人定位→找群→爆粉→互动→维护。若要加别人为好友，你需要找到你的精准用户在哪里。确定精准用户，就需要从微信号的个人定位出发。举个例子，笔者刚出道时的定位是亲子成长教练，那么，笔者需要的精准用户就是家长。

如何在微信群里吸引家长来加你？人都是有惰性的，而且很多人是第一次做父母，关于孩子的问题，如果你能给他一些解决方案，那么，家长会感激涕零，所以这时你可以给自己一个老师或者专家的定位，当家长遇到问题的时候，他们需要专业人士来答疑解惑。你用自己的专业知识去解决他们的问题之后，家长对你的信任度就会慢慢提升，这样你后期再去推广自己的产品时才会水到渠成。

可能有人会说："我想在这个领域发展，但是我现在只是小白，不是这个领域的专家，应该怎么办，这样做会不会心虚？"如果你真想在这个领域发展的话，就会逼自己去一点点慢慢积累。刚开始你可以回答一些基础性的问题，到后面有一定的积累后可以尝试解答较有深度的专业问题。比如，很多家长担心孩子的学习问题、心理问题、安全问题，而且问题无处不在，这就是你应该深入研究的方向。优质的教师资源是很稀缺的。如果给用户提供这些价值，用户会对你感兴趣。解答完这三个问题后，就是个人定位的拆分。个人定位分为五个部分，分别是自我介绍、群昵称、头像、个性签名和封面、微信朋友圈。

3.14.2　个人定位的拆分

1. 自我介绍

自我介绍分为自我定位（你的标签）和个人优势（包括过去的经历和已取得的成绩）。自我介绍是一个切入点，目的就是让大家看了你的自我介绍后，产生了解你的欲望，从而愿意进一步和你交流。一个成熟的自我介绍，除了展示你的优势，还能勾起别人跟你聊天的欲望，所以你不能将同一套自我介绍发送至不同的社群和微信好友，而是需要根据不同的群或好友标签来调整自我介绍，最好能准备多套自我介绍。比如笔者做社群运营有一套突出自己运营经验的自我介绍，当进入一个家庭教育的群，便会突出笔者在家庭教育领域的经验。自我介绍的所有文案都是以用户为中心的。你的个人优势和擅长点也是要为用户服务的。

2. 群昵称

群昵称的作用是资源展示、强化标签、吸引他人。微信群里，想要加深别人对你的印象，群昵称无疑是至关重要的。在微信社群里抛头露面，群昵称出现的频次越多，别人对你的印象就会越深刻。群昵称的要点是展示核心优势，提供核心价值。你可以提供给别人什么样的价值，一定要在群昵称中体现出来。假如你是做 K12 教育的，就可以写"育儿专家"，比如笔者的群昵称是"用户增长研究"。不同的群也需要用不同的群昵称，昵称是最好的广告，用几个字把你的资源和优势概括出来，不断地强化你的标签，让别人知道你是做什么的。

3. 头像

人对图片的记忆是很深的，所以头像是一个有力的广告，它能展示你的正面形象，表达你的态度。头像可以用真人照，清晰简单即可，注意不要用表情包或花里胡哨的图片。一个好的头像可以增加别人对你的好感。

4. 个性签名和封面

加好友的时候，对方可以看到你的个性签名。个性签名就是用一句话讲清楚你现在做的事情，或你的资源和优势。其实它和群昵称有点类似，也能决定别人对你的第一印象。

微信朋友圈封面是可以特意设置的，如果你是一个对育儿特别关注的人，那么封面可以展示一些优质的育儿书，或自己总结的育儿领域的相关观点，或和你正在做的事情有关联的，或能够展现你正能量的形象。

5. 微信朋友圈

当添加到一个陌生人为好友时，对方总是会对你的微信朋友圈感兴趣，所以微信朋友圈中发的内容需要是精心设计的，微信朋友圈的文案和图片是具有营销作用的。首先，微信朋友圈切忌负能量，把传播负能量的内容删掉，最好不要设置三天可见，少发个人生活内容。其次，写微信朋友圈一定带有目的性，每一个字和每一句文案都要仔细打磨。微信朋友圈发的是销售型文案，所以要了解用户的心理，抓住用户的痛点，才能运营微信朋友圈。只有充分了解了用户，才能刺激用户完成转化。此外，微信朋友圈的语言风格要口语化，要有自己的个人色彩，通过每一条朋友圈展示个人特色、强化标签，然后慢慢设置一些诱饵来完成转化。最后，发微信朋友圈的频率一般是每天 5 ～ 8 条，以便提高别人看到你的概率，加强曝光效应，让别人多看到你，记住你，对你产生好感。

微信朋友圈是进行营销的好地方，在这里一定要好好展示自己，因为这就是你的社交货币。

个人定位就包括这五个部分，它是一个整体的、系统的框架，每个部分都不能独立存在。做个人微信号的时候，要对这五个部分进行仔细打磨和优化。

3.14.3　找精准群

做好个人定位后，就要开始找你的用户群体了。如何找到你的精准用户？这里列举四种比较常见的渠道。

（1）微信。比如你要找上海的家长，就在微信搜索栏里输入"魔都家长"，通过这种精准的关键词会搜出很多文章，点开文章之后找二维码。有些是可以直接扫码入群的，有些是需要添加小助手进群的。搜索可以按条件筛选，也可以按发布时间来排序，这样就能找到很多新群了。

（2）微博。方法类似，可以在微博的搜索栏中输入关键词，也会显示很多二维码，你一个一个地扫码添加就可以。

（3）社区平台。豆瓣、知乎、贴吧等平台，其实都有大量的群存在，可以用同样的关键词进行搜索。

（4）付费进群。很多特别高质量的群都是付费群，所以可以进入一些精准的付费群。

通过这四种渠道，便可以很快进入精准用户池里，这些人都是你的潜在粉丝。

3.14.4 被动引流

什么是被动引流？用一句话概括就是，主动释放你的价值，通过刻意展示的信息吸引别人加我们为好友。这个动作看似被动，其实是主动的，它的转化率会比主动引流要高。请思考一下，每次在群里的发言有没有价值？有没有加深别人对你的印象？有没有让别人知道你是做什么的？

做个人号引流是一件较功利的事情。所以只有抱着释放你的价值的目的，才能快速加满 5000 个精准粉丝，才能形成一定的转化量或者做裂变的启动量。

1. 被动引流的优势

被动引流有什么优势呢？

（1）快速吸引。在社群里发表你的观点，分享干货，给别人提供价值，你可以快速吸引一波对你感兴趣的用户。

（2）加强信任。如果你持续在群里输出干货，就很容易获得别人的认可。当别人在你这个领域遇到问题了，可能第一时间想到的是你。比如当别人想做裂变启动的时候，可能第一时间就想到笔者。当父母在挑选幼儿园的时候，当孩子成长遇到问题的时候，如果你经常在群里发表相关观点，那么有所困惑的父母就会第一时间想到你。

（3）轻松转化。被动引流最核心的环节就是在社群里分享干货，整个分享的过程中本来就包含了转化，用户通过你分享的内容认可你，加你为好友，之后再成交就是很快的事情了。因为他对你已经形成一定的认知和信任了，所以被动引流是引流到转化一步到位的事情。

（4）拥有良好的人际关系。被动引流时，别人因为认可你的价值才会加你为好友，信任你。当你在微信群里有意识地输出，有意识地塑造自己的良好形象，并且规范自己的行为，当你学会被动引流之后，你会更多地夸奖别人，展示自己的正面形象，你的人缘变得更好。

2. 社群被动引流的技巧

（1）分享干货，展现价值。在社群里怎么通过分享干货吸引别人？干货可以是你擅长的知识，也可以是实操经验。如果你是新人，可以通过听一些课、对看过的文章或书进行拆解、复盘之后再分享。如果你是专家，那么你对自己所擅长的领域应该得心应手，这个时候你就要整理一下回答问题的文案模板，把用户常问的问题进行归类，每个问题都写好答案，分门别类地整理在收藏夹里。

当群里有用户或者加你的用户问你相关的问题时，你直接找出答案复制粘贴即可，这样能节省非常多的时间，而且能体现出你的诚意和专业性，因为你的答案是经过精心编辑的。只要别人问的问题你会，你就回答。如果不会，群里没人回答，你也可以回答。你可以去咨询一些朋友，得到答案后再去回答，如实跟别人说"我问了我的朋友"也没关系，别人会觉得你很真诚、很热情。

分享干货切忌有营销广告的痕迹，你要做的是提供价值，而不是让别人或者群主因营销广告而对你产生反感的情绪。

（2）完整的开头和结尾。一旦进入一个话题，不要虎头蛇尾，要给引流留足够大的空间，至少要做到诱导添加。从话题开始到最后发出"诱饵"——让别人成为你的好友，这是一个完整的过程，如果做不到诱导添加，那么你前面所做的努力便是白费。比如，你在分享干货的时候，最后可以说"我微信朋友圈经常更新这类资源"来引导别人加你为好友。

（3）话题切入。如前所述，你可以在群里分享你擅长的知识、实操过的经验和其他干货，或你收集的资料，这些资料其实都可以作为你的话题切入要素。这就是你的付出，只要你分享出来，别人就会对你有好感，觉得你是一个乐于分享的人，而且这些资料会引起群里的讨论，最后完成引流。

（4）与大咖链接。在群里我们也需要让别人为我们背书，平时多跟其他人请教他们擅长的领域，再发个红包表示感谢，这样就能在群里收获一波好感。

（5）与群主混熟。要遵守别人的群规。时刻注意自己的口碑。如果你是某一领域的专家，你可以与群主混熟，然后跟群主表示自己想在群里分享一些知识见解和实操心得，群主为了提高群里的活跃度，肯定是非常愿意的，比如你在群里分享带小孩的经验或为孩子选择学校的经验，只要没有广告痕迹即可。你不用担心，一旦你在群里完成分享，最后稍加引导："如果大家有什么问题也可以加我微信，我很愿意帮助大家解决问题。"这样一来，你就会收获一波非常精准的粉丝了。

如果你目前不是行业的专家，应该怎么把自己包装成行业的专家？你未来肯定是要朝着所在领域专家的方向去发展的，而且现在有一种速成方法，就是刚刚所说的，你把用户的问题搜集出来后，再写一个话术合集，这能让你节约时间，走得比别人更快。当然，你自己还是要不断地去学习、去深耕。

（6）寻求合作。合作不一定自己主动去找，多留意群里的动作。遇到合作契机的时候别人都会在群里询问，你就把它当成引流的话题来展示自己的资源和优势。别人想合作，但你满足不了，如果你有具备这种资源的朋友，你可以推荐给他，这样需要合作的人就会主动来加你，而且群里其他人也会对你留下深刻的印象。

（7）帮忙拉群。微信群是一种资源。比如有些人想进入一些其他的群，而刚好你又有，可以通过帮忙拉群进行转化。比如你是做 K12 课程的，一些家长想进入儿童心理学方面的群，你可以让他来加你，你拉他进群之后可以跟他进行私聊或互动，问他是不是孩子心理出问题了，如果你有建议，可以提供给他，他会非常感激的。平时也可以将拉群的话题作为切入点，比如"我这边有几个 ×× 的群，有兴趣的可以找我"。

（8）互相配合。很多时候我们在群里说话没人理，怎么办？这种情况最好找自己的朋友互相配合，做话题引导。当你在群里分享价值和干货，如果有一个人专门来配合，引导其他群成员加你为好友，效率当然会提升很多。

以上就是社群被动引流的八种技巧。但是请记住，没有哪一次成功的引流是只用某一个技巧的，都是多种技巧一起用。通过这些技巧，让别人知道你的资源和优势。所有的技巧都是刻意但无痕迹的，即使你自己知道在引流，也不能让群里的人或者群主反感，不能有营销的痕迹，所以被动引流是一套"组合拳"，不是一种模式、一个技巧。每一次都是推出去一套"组合拳"，这样功效会最大化。另外，真心诚意地去对待每一个群，给用户留下好印象。注意，既不能在群里做损人不利己、拆台的事，也不能抱怨、争执、得理不饶人。

3.14.5　诱导添加好友的技巧

在微信群里诱导添加好友的技巧有哪些？比如，"我的很多经验每天都发在微信朋友圈，你可以看我的微信朋友圈，加我好友不需要验证"；或者反复强调，引导他们看你的微信朋友圈。引流最紧要的是吸引精准用户，其次才是转化，不能本末倒置，把利益放在前面。

第三篇
促成交易

第 4 章
社群激活：打造让用户离不开的社群

如果把社群当作产品，那么它就得满足特定的需求，就得具备相应的价值。有了群，有了粉丝，接下来就进入维护阶段。如何打造一个让用户离不开的社群？在本章，笔者将一一阐述。

4.1　问题：为什么你的群活不长

随着私域和社群经济的盛行，各类社群如雨后春笋般出现。面对着花样繁多的社群和玩法，用户也变得越来越麻木，简单粗暴的运营套路已经没有效果，以至于出现了大家频繁拉群同时大面积"死群"的现象。为什么你的群活不长，而有的群却能够做得风生水起呢？

（1）没有价值：假如社群是一个产品，它就得满足特定的需求，就得具备相应的价值。社群的价值是内容价值、人脉价值、资源价值。

（2）用户参与感较低：对于单纯只有内容价值的群，很容易出现分享者"一言堂"的问题，这就会导致用户缺少参与感。

（3）高价值话题难以持续：高价值加上强互动是非常好的模式，但对于分享者来说是不小的工作量。

4.2　情感价值：你知道群成员的需求吗

很多社群刚建群的时候看似热火朝天，但是没几天就出现退群潮，或者一下子静悄悄了。归根结底是社群的价值没有传播到位。如果把社群作为商品，商品的核心价值是带来美好生活，而情感是人们感受美好生活的重要媒介。因此，在社群中，情感营销是一张长盛不衰的王牌。那么，如何有效击中群友的内心情感？这个时代，你的产品可以被模仿，你的店铺、广告都可以被模仿，唯独你和客户的情感链接，谁也模仿不了。

社群恰恰可以帮助品牌通过互动和链接，建立信任和情感，没有情感价值的社群早晚会沦为"死群"。社群的情感价值不仅可以增加用户黏性，而且可以引起大规模互动传播，大大降低裂变成本。一提到情感价值，你可能会想到"感动"，社群情感仅有感动是不够的，还在于社群所拥有的文化是否能触动粉丝。

你和社群成员之间的情感链接取决于你能在多大程度上了解并满足他们的需求。

如何了解群成员的需求？直接发调查问卷显得太生硬，没有人情味，可以采用以下三种方法。

（1）鼓励用户发自我介绍和修改昵称，自然地破冰。可以提前做一个标准化的用户信息模板，让新用户在加入的时候可以很方便地介绍自己。这样做既能给刚入群的人带来仪式感，又能让我们对用户的现状和需求有所了解。

（2）鼓励大家积极报名当群管理员。这既能带动大家参与，又能方便后期管理，降低管理成本，加强跟群管理员的沟通就能获取更多群成员的信息。群管理员包括但不限于以下几种。

①记录官：又称"课代表"，负责记录学习精华、分享笔记。

②主持人：在嘉宾分享之前，统一秩序，在嘉宾分享后鼓励大家发学习感悟。

③讨论官：引导群成员每天对学习内容进行讨论。

④督促官：监督群成员听课、写作业，每天在群内提醒大家完成任务。

（3）通过积分制度激励用户互动，增加活跃度。对于社群内鼓励的行为，比如积极发言、互动好、完成作业、提交作业、分享学习感悟、帮助老师答疑、鼓励其他成员等行为，可以奖励积分。

以上三种方法都能帮助社群成员快速建立情感链接，这样做的好处是可以增强归属感。对于任何一个用户来说，在这个社群里保持情感链接的人越多，这个社群对他来说就越有温度，他就越觉得有归属感，也就越不容易退群。

4.3 社群文化：打造高凝聚力价值观

俗话说，一流的企业卖文化，二流的企业卖品牌，三流的企业卖技术，四流的企业卖服务，五流的企业卖产品和劳务。做企业是这样，做社群同样如此。三百六十行，行行都是文化先行。

你可能会疑惑，一个群而已，有必要考虑这么远吗？当然有。做社群往小了说是做产品，往大了说就是做公司，做公司就得有明确的企业文化，做社群就需要有社群文化。要把大家聚在一起做一件事情，一定是有一个理由的。没有理由，人不会来，即便人来了，心也不齐。比如，有个社群的核心价值观是"有一束光的使命，点亮妈妈最美的模样"，宗旨是帮助妈妈群体提升商业思维和促进家庭个人成长。一个社群一定要有一个好的价值观体系，以吸引更多志同道合的人。

如何打造社群核心价值观？在挖掘社群核心价值观之前，我们要明确以下几个问题，如图 4.1 所示。

图 4.1　如何打造社群核心价值观

通过不断地和群成员探讨这几个问题，就能提炼出全体群友真正追求的价值观，从而产生强大的团队力量。

4.4　社群团队：做好分工，玩转社群更轻松

良性运转的运营团队一定有非常明确的部门划分和职责分工，否则新加入的运营人员既不知道自己要做什么，也不清楚每个板块的负责人是谁，有问题找谁解决，会很快对组织失去信心，继而退出。

因此，明确部门划分和职责分工非常重要。一般来说，社群运

营团队可分成三个级别，即核心团队、运营团队和具体管理团队。

　　一个人可能走得很快，但是一群人会走得更远。学会建立社群管理团队和明确社群角色分工定位，社群生命力才能旺盛。一个优秀的社群管理团队对社群的发展起到至关重要的作用，如何搭建这样的社群管理团队？下面从核心团队、运营团队、具体管理团队三个层面进行介绍。

4.4.1 核心团队

　　核心团队负责把控社群的发展方向、运营模式等问题，是绝对的核心人物，一般来说刚起步的社群，核心团队可能就只有一个人，也就是发起人。

　　如果你的社群刚刚起步，那么核心团队就是你自己。假如你要想长久地运营下去，就必须组建你的核心团队，也就是发展其他人成为你的核心团队成员。

4.4.2 运营团队

　　运营团队就是各个群的管理者，负责把运营方案落实到自己管理的社群中。

　　当你的社群形成一定的规模后，在各个分群里就必须要有管理者能对核心团队提出优化建议，实施具体反馈意见。帮忙策划方案并负责落实下去的团队，就是运营团队。

　　这类人属于社群核心的活跃成员，一般是群员认同的、对社群有影响力的人。

4.4.3　具体管理团队

具体管理团队负责执行社群的日常运营工作，由运营团队负责分配角色，需要具体明确到每个人是负责什么的，并明确完成的时限。具体可以参考以下几种角色职责分工。

1. 群助理

（1）做好每天群内信息发布和传播。

（2）签到，观察群员的活跃度，用行动带动群员、影响群员。

（3）收录群员的反馈，维护突发事件。

（4）及时为群员答疑解惑。

（5）出现打广告、发链接的情况及时进行说明和处理。

2. 副群主

（1）提醒当天要学习的内容和课程，或者发布要举办活动的时间公告。

（2）在学习完的规定时间组织大家讨论，引入话题。

（3）及时推送行业的第一手资讯或相关信息到群里。

（4）整理活动语录，汇总平时分享的课程。

3. 纪律委员

维护群内秩序，出现打广告、传播不良信息、违规交易等问题时，及时制止和清退。

基本上这三个岗位能处理大部分的社群工作。如果要细分的话，还有负责财务工作的，如做活动前的红包发放、礼品的发送等。还有为了活跃新群而组建的一些积极分子，实质上就是烘托氛围的托儿。要根据团队成员各自的优势进行分工，但也不要限制过多，要根据你做活动的前提、发展的阶段和环境等因素适当调整，要学会灵活运用，千万不要"各家自扫门前雪"。当你的社群已经成形，进行规模化的运营时，你就要对每个团队岗位的职责、考核标准、奖励、处罚进行定性，正所谓"无规矩不成方圆"。

因此，团队成员之间不只是管理上的工作分工，还需要营造互动成长的氛围，要让他们看见希望。一个优秀的团队，既能管理好社群，也能为成员创造学习与进步的机会。

4.5　精细化运营一：制定社群发展规划

想要做好社群精细化运营，要制定长远的社群发展规划。如何制定社群发展规划呢？可以从社群定位、内容规划、人员管理、社群价值与激励四个部分着手。

4.5.1　社群定位

组建社群的目的是什么？社群的定位是指社群要有一个共同的目标，在这个共同的目标下开展社群活动，才能让所有人朝着一个方向共同努力。

参考案例：护肤品企业——建群的目的是让大家一起变美。

大家进群后，首先要看群名，其次要看的可能就是群公告。所以社群的定位是否能让群友了解，取决于一个清晰的群公告。

1. 为什么发群公告

很多人建群从来不敢发群公告：担心写得不好，别人看到之后觉得自己的社群不高级；担心别人看了之后没反应，会很尴尬；担心发了以后打扰别人，不讨人喜欢；担心千篇一律的群公告让别人看了不感兴趣。

网上流传着一个说法：微信朋友圈一条文案的可见率是2%～5%，群公告一条文案的可见率是20%～50%。群公告要不要发？群公告的可见率比你发一条微信朋友圈大了10倍。过去，你怎么认真对待微信朋友圈文案，现在就得怎么认真对待你的群公告。

2. 群公告最关键的是什么

群公告里最关键的一点是明确如何让人们喜欢你做的这件事。因为"我要帮助大家"，因为"我要成就你"，因为"我要赋能你"——这种利他的主张很容易让人产生好感。因此，其实不用什么华丽的辞藻，但凡你的群公告里体现了利他性，其实都不会太差。

3. 撰写群公告的套用公式

文案，先模仿后创新。可以套用一个公式【对话感＋价值塑造＋具体的回复指令】。

（1）对话感是什么呢？例如，"跟你说个事，""你睡了吗？""昨天的分享你看了吗？"要多使用"你"。

（2）价值塑造是什么呢？价值塑造＝好处提炼。切记，一切产品都是工具，客户购买的不是你的产品，而是你的产品能够带来的好处和价值，所以要直奔主题，直接讲好处，讲结果。

（3）具体的回复指令是什么呢？"收到的回复 666"，因为但凡有人回复了，就会形成从众效应，群里就会刷屏。你发的群公告可能没人看到，但是群里的刷屏会吸引更多人看到。最妙的就是，"收到在群里发 1 元红包，写上 ××"这个行动指令会更容易吸引群友的关注。本身红包就很吸引人，红包封面的内容也非常吸引人，很快这个群就有了非常多的关注，也可以截图，作为微信朋友圈素材。

关于群公告，一般都是用于活动前的提醒，就是提前告知"预热"这个概念，大家一定要掌握，一般来说，你群里的大动作至少得提前一天通知群友。

4.5.2　内容规划

社群的内容质量，仍然能为社群运营带来非常强的竞争力，做好内容规划对社群来说是重中之重。下面以护肤社群内容规划为例，介绍内容规划的六大要点，如表 4.1 所示。

表 4.1　社群内容规划

群规范	（1）在建群之初便开始设立并执行社群的基本管理规范，这是一个社群得以良性发展的基础； （2）在建群之初就要经常重复群规范，这样到了运营后期，社群成员便会主动维护群规范。	群规： （1）本群为 ××× 福利群 / ××× 魔镜群，群内容为分享女性日常生活小经验 + 护肤交流。 （2）群内可以聊天、进行护肤交流，可以抢红包，可以约吃喝玩乐等一切有意思的事情。 （3）请勿发送任何商业广告（包括软广告和硬广告）。 （4）退群自由。

内容输出	每周最少进行一次护肤知识分享——比如敏感肌怎么防护，痘痘怎么治，怎样补水，脂肪粒怎样消除，防晒怎么做，等等。分享这些一些生活小妙招便于引出家居清洁类产品。	（1）分享美妆技巧、护肤经验、育儿干货、母婴知识等。 （2）在产品的基础上产生内容才是大方向，要做到以用户需求（痛点）为突破点。
产品输出	社群中日常的团购，以及秒杀、好物种草等的产品售卖和分享，以自用型分享为最佳，形式以文字＋图片＋视频为佳。	需了解产品、分享产品，最好可以够出镜，用真实体验做分享，转化率才高。
价值观输出	女性正向价值观。	一边带娃一边工作，实现精神、物质双重独立，能变美，能养家，等等。
互动内容	社群互动，如聊天、小游戏等，具体可参照【社群互动方案】。	（1）前期可加入一些互动小游戏，如拍卖等，再通过分享闲置物品、唠家常等方式消除陌生感，不要低估女性对这方面的兴趣。 （2）中后期组织打卡活动，面膜打卡、胶原打卡、读书打卡等，增加社群中客户的黏性。
服务	肌肤一对一专属私人诊断，精准化产品推荐，售后问题及时反馈处理等。	（1）不定期发红包，包括广告红包、反馈红包、节日红包等。 （2）使用反馈，良好的反馈是促进销售转化最重要的因素之一。

4.5.3　人员管理

社群的良性发展中，社群人员的管理是社群运营环节非常重要的组织部分之一，具体的人员管理如表 4.2 所示。

表 4.2　人员管理

强 IP	专业的资深美容老师，通过专业的授课获得大家的认可和追随。	有时间，社群能力强，高专业度，以人格魅力来带动群氛围。
核心用户	群里相对活跃的用户。	能够带动整个社群的积极性、活跃度。
群托	积极回复群主的发言，带动群氛围。	避免出现冷场，不能群主说完话没人回复。

4.5.4　社群价值与激励

如果社群没有价值与激励，首先用户会流失，紧接着很可能大部分人都不能主动地创造价值。如何使社群里的每个人都积极主动地参与其中呢？用一个具体的案例，供大家学习和参考，如表 4.3 所示。

表 4.3　社群价值与激励

产品价值	提供能够满足社群用户需求的产品和服务。	正在销售的产品、需要为用户寻找匹配其需求的产品服务。
物质价值	针对内容创作者、社群管理者、互动活动发起者等社群活跃分子、积极分子，进行物质上的激励。	（1）不定时赠送优惠券。 （2）送产品，比如一盒面膜。 （3）送试用装，送新品。 （4）送线下体验等。

精神激励	针对内容创作者、群管理者、互动活动发起者等活跃分子、积极分子，进行精神激励。	（1）给予社群专属昵称，比如"每周之星""分享达人""护肤达人"等专属称号。 （2）在商城首页进行个人展示。 （3）提供个人专属海报，官方个人号帮助宣传。 （4）给予最佳社群管理奖，并参与辅助管理社群等。

4.6 精细化运营二：设定入群门槛

4.6.1 门槛设置

在建立社群的时候，必须要做好群成员的定位，设定好入群审核门槛。一个群在入群阶段设置的门槛和筛选条件越高，那么这个群的成员流失率就会越低。如果一个社群不设置任何审核门槛，当新成员蜂拥而入时，成员的质量就无法保证，"劣币驱逐良币"的现象将会发生，质量高的成员也会因此流失，当社群发展到一定程度后，可以通过运营的节奏进行第二次调整和规划。以下是我们设定初始门槛的常用方法。

（1）购买产品。购买一定金额的产品就可以加入，比如很多知识付费博主都有自己的答疑社群。

（2）高额资产。实名验证或者拍照，例如××车友会，必须拥有某种类型的车才能进入。

（3）身份资格。入群有严格的审核机制，例如必须是经理及以上级别的人员才可以加入。

（4）付费入群。这是最常见的一种初始门槛设定方式，交付一定的金额就可以加入。

（5）特殊邀请。只有群主和管理员才能邀请。

（6）阶梯制。比如你有不同阶段的群，有初级群和高级群，要想进入高级群，需要进行考核，满足一定的条件（可能自身要具备某种能力和人脉资源）才能进入高级群。

4.6.2　规则制定

社群的规则制定，需要大家一起出谋划策。早期可以由群主建立初步的社群规则，后续再根据运营的情况逐渐改良。

社群规则的制定，最好的方法是集合大家一起讨论，最终达成一致的意见再去执行，这样大家遵守起来比较容易。如果是随意推出来的群规，大家都不去遵守，会大大削弱群主的威信，也不便于社群后期的维护和管理。如果群主要强势推出群规，群主的影响力（能量）一定要比群内成员高出几个等级，这样才能在心理上取得优势地位，但是通过调查发现，强调个人权力的群比强调民意的群寿命要短。当我们的群成员人数过多时，禁言措施一定要跟上，比如晚上 12 时以后和工作时间内不聊天，其他时间随意，这样就可以改善很多。

1. 社群规则类型

社群规则是判断群成员的日常操作规则，这是一种责任和义务。下面是一些我们经常见到的社群规则类型。

（1）惩罚规则。这种大家都应该清楚，像那种一进群就发广告、发布暴力色情等信息的，必须立马踢出群。

（2）任务规则。在规定的时间完成特定的任务，比如"007不写就出局"社群，要求一个星期内必须写一篇文章，不拘形式和题材，未能完成将会受到惩罚。

（3）言行规则。对群内的话题讨论应该积极参与，可以发表自己的观点，拒绝出现辱骂、人身攻击的现象。

（4）命名规则。新入群的成员，修改自己的群昵称，比如"姓名＋职业＋城市"形式。

社群规则的制定，就是让社群既不会发生主题偏移，又能朝着既定方向前进。

2. 社群管理

一个社群该不该禁言？好的社群是不禁言的。如果我们把群成员当作自己的朋友，我们是不会要求自己的朋友不说话的。下面是一些常见行为的管理。

（1）鼓励行为。有三种行为是值得鼓励的，即发表原创分享，入群时的自我介绍，分享成长感悟。

（2）不鼓励行为。不提倡询问无脑问题，不提倡发鸡汤链接。

（3）禁止行为，禁止发广告，禁止拉票，禁止言语不敬，禁止无休止争论，禁止破坏群内和谐气氛。

规则里一定要把这些都写上，我们制定规则，不是规定大家能做什么或不能做什么，而是规定这个群的基调和风气。触犯规矩怎么办？有了规矩，肯定就有人会触碰。如果有人触犯规矩怎么办呢？对于严重影响社群正常秩序的人，毫无疑问应该立即把他踢掉。设置好了规则，就要大家共同遵守，第一次可以私聊或者给出正式的提醒、警告，第二次发现就要按规矩严肃处理。

另外，对于触犯规矩的成员还可以实行淘汰制。要想让你的社群有价值，有贡献，可以根据成果、任务、作业等方式进行量化考核，实行末位淘汰制。让群里的每个人都有价值，还可以进行逆向淘汰。比如让成员在最开始入群的时候先交学费，完成作业任务之后再退还，没有完成的成员的学费就作为运营经费了。

以上都是社群运营中违反规定后的处理方法。我们设置的任何群规则都不是以惩罚为目的，微信群的运营是以鼓励、激励为主，试着用柔和的方式来鼓励成员的良好行为，一起来带动社群的整体氛围。

4.6.3　具体案例

1. 合理的社群规则

怎样设计社群规则才合理呢？就拿社群运营师中级颁证课训练营的群规则来举例。

（1）简短精练的篇幅公告（这是入群"三部曲"），指令和规则清晰明了。

（2）鼓励群员和导师以及学员之间互动、"互粉"。在群里，让大家都能产生对自己有用的价值链接。

（3）进群第一步就是要进行自我介绍，让大家相互认识、清楚圈层，让群内形成一个关系资源链。

（4）鼓励赞美，支持卖萌。这是活跃气氛的方式，效果仅次于发红包。

（5）要做入群的引导，让大家严谨、轻松地加入社群，是一个好的开端。

（6）不禁言，鼓励自然插话。

（7）遇到特别重要的消息，除了要"@所有人"，还要私聊群发，做到强行通知。

（8）设置爬楼关键词，方便大家搜索聊天记录。

（9）整理逐字稿，应该是大家非常喜欢的一个操作。

（10）认真对待每一位学员的作业和任务，及时整理问题库，也方便答疑。

（11）制造话题通知，主动放出引导话题，带动大家参与群聊。

我们不鼓励以下几点：

2. 不合理的社群规则

（1）发鸡汤链接。

（2）询问无脑问题。

（3）无休止地争论。

（4）破坏群和谐气氛的言语。

（5）发布过于复杂、篇幅过长的群通知和群公告。

4.7　精细化运营三：确定社群的主题和内容

社群运营的主题和定位是其生存的关键。许多社群之所以运营不佳，成了僵尸群或广告群，是因为运营者没有找准社群的核心定位，导致在社群运营后期没有了高质量内容输出和用户讨论。

好的社群主题能引起用户的兴趣，是添加粉丝的基础。它关系到群的影响力、粉丝对本群的认可。因此，策划和拟定醒目而恰当的社群主题就成了群推广的重中之重。

如何提炼社群主题？要中心思想突出，定位明确，简洁明快，通俗易懂，有创意，符合圈子关注话题。主题要好记、好听、好玩。

确立社群的内容和主题有以下几个要点：

（1）找到社群产品与用户利益的结合点。当你明确了社群运营的目的之后，就得明确社群与用户之间产生了怎样的联系，思考这些联系是不是用户真正想要的。

（2）要告诉用户为什么要做某些事。我们做任何事都需要明确原因，如果不知道做这件事的意义何在，人就会缺乏动力。

（3）用户购买的并不是产品，而是解决问题的方案。比如，用户想要的不是 6mm 的钻头而是 6mm 的孔。

（4）真诚是最佳的利器。没有任何一条道路能够通向真诚，因为真诚本身便是通往一切的道路。内容生产时，我们往往会陷入固定的套路中，导致内容非常程式化，缺乏温度。其实，好的内容从来都是真诚的，所以不要舍本逐末，过分追求套路。

4.8　精细化运营四：设立社群激励制度

一个能够长久运营的社群离不开合理的激励制度。激励不是一句空的口号和客套话，而是实实在在的好处。基于社群给予用户的有足够吸引力的激励制度，用户会为社群做出积极的贡献。

当群主的影响力足够强，且有愿意打理社群的时候，第一个和第二个群可以维持比较高的活跃度，但是等到建立三个群以后，群主就分身乏术了。搭建好团队以后，有些群管理者一味追求群的活跃度，忘了大家在群内是为了获得价值，而不是为了打发时间，就出现了灌水的情况。

优质社群离不开优质内容，更离不开能促进社群持续产生优质内容的激励制度。

4.8.1 完善个人信息，降低沟通成本

社群的良好运营离不开对群友的深入了解。一谈到了解，可能很多新手就会觉得不知从何谈起，那么对运营有参考价值的信息有哪些？通常来说，个人信息主要包括以下四个方面。

（1）职位、行业、个人发展路径。

（2）个人擅长领域（渠道资源整合、策划、文案、交互设计、思维能力等）。

（3）个人诉求（跨界信息、解决工作中的问题、求职信息等）。

（4）个人爱好（便于线下活动的开展）。

这些信息当然可以通过运营人员与群友一对一沟通来获得。如果是人数过多的情况，运营人员可以把信息咨询单挂在群公告中，在入群欢迎语中督促成员完成咨询单。

4.8.2 激励内容分享者

物质激励分为两种：群成员自发打赏和群基金固定打赏。需要帮助成员树立为知识付费的意识，愿意分享的人值得被奖励。

群基金怎么来？可以"取之于民，用之于民"。比如，向每位群成员收取 200 元入群费，500 个人就是 10 万元，这 10 万元用作社群基金，分 52 周花完，每周的奖励额度就是近 2000 元，这一数额的奖励有一定的吸引力让大家参与其中。

不过，始终要记住，物质激励只是手段，而不是根本目的。

4.8.3　激励社群组织者

成功的社群营销不是靠牺牲和奉献实现的。500 人的社群假如每人每个月缴纳 10 元社群运营费，那么一年就有 6 万元，这些费用足够聘用一个全职员工。

群管采取轮值制度。想参与的可以直接报名，按报名先后顺序进行轮值，如果聘用兼职，按周结算，6 万元的管理费分到每周就是 1100 多元，该金额足够激励一个人把事情做好。

明确群管的工作职责。群管要根据群员资料找到合适的人进行沟通，在不影响对方的情况下促使对方给出解决方案，并且要使解决方案具体化，有深度。然后在每周一次的问题解答时，做好活动预热，让大家踊跃参与。最后去除无效信息，将内容整理成标准化文件做全员共享，以节省时间并提高价值获取的效率。

制定群管的 KPI（关键绩效指标）。必须给群管设置 KPI，KPI 的主要参考指标就是参与问答的人数及内容质量。

4.8.4　提升社群的附加价值

对于那些积极主动回答问题或者分享的内容特别精彩的群

友，群管理员要及时做好信息记录，建立人才储备库。社群内的原创内容甚至可以整理成书或者形成内部期刊，如果你的社群每个季度都能出一本书或者期刊，这样的高质量的内容输出能立即拔高社群的层次。

此外，为了给群友打造更强的获得感和被尊重感，还可以在每个章节开头标注内容的创造者，甚至留下他的社交平台账号，帮助他引流，给内容创造者提供名利双收的获得感。

4.9 如何增加用户黏性

社群运营不仅要重视群主的输出，而且要调动群友的积极性，重视来自用户的反馈。具体怎么做呢？下面给大家三个建议。

其一，每天一个话题。假如你是做宝妈创业指导的，每天发起一个相关的话题，群友都会很积极地回答。当一天结束后，安排专人把当天的发言整理成文稿发在微信公众号上，让更多的人关注到。

其二，定期发起合作。仍以宝妈创业指导为例，群里都是宝妈且都对创业感兴趣。因此，当一个成员遇到问题时可以发起讨论，获得满意的解答，若发起合作，也会得到许多回应。成员间的接触越来越多，而且一起合作后会带来奖励，这极大地增加了用户黏性。

其三，定期组织活动。很多人离不开游戏，是因为游戏里有一些重要的朋友，可能比现实中的朋友关系还要亲密，甚至有的会一起组织线下活动，已经形成一个密不可分的群体。除了交友活动，社群还可以发起拼团活动，拼团活动甚至能够激发群友的分享欲，实现裂变的效果。

最后，引用《参与感》中的一句话："真正的参与感绝对不仅仅是互动，而是塑造一种友爱的互动，让员工、用户发自内心地热爱你的产品，发自内心地推荐你的产品。"

4.10　如何增强社群生命力

利用上述社群运营方法激活群友以后，我们还要关注社群长久发展的生命力。具体怎么做呢？下面给大家三个建议。

4.10.1　最好的衡量标准——"被连接"的深度与次数

例如，"罗辑思维"作为一个典型的社群，为其成员提供了巨大的价值。社群中的成员可以与乡土乡亲茶叶店、联想、百度贴吧、雕爷等品牌或图书出版商连接。这使得罗辑思维就像一个带着互联网营销势能的 U 盘，使用之后便可以创造出新的价值亮点，这就是它的"被连接"价值，即被连接得越多、越深，价值就越高。

4.10.2　参与感特征

社群管理者通常会采用发红包、玩游戏等方式来提高社群活跃度。这些娱乐类的活动能让许多爱潜水的人在群里发言，但是这无法从根本上增强社群的凝聚力，也很难延长社群的生命周期。

比如，2010 年 4 月，小米公司借着移动互联网、粉丝经济的风口迅速发展，如今已形成了堪称典范的产品型社群。从小米的发展历程来看，它之所以能取得成功，主要是因为它为用户提供了参与产品制造研发的渠道，使用户从中获得了参与感。同时，小米利用互联网平台与用户保持良好的互动，使用户保持愉悦感、安全感，成为"米粉"。除此之外，雷军还充分利用社交平台加大了小米的宣传力度。好的社群能使成员获得参与感，通过调动每个成员的积极性，共同维护社群的秩序，促进社群的发展。

从营造参与感来说，社群成员最看重的是身份认同，发行带有社群专属文化符号的产品，很容易带给成员一种特殊的归属感，比如发行壕卡、汉服卡，配上一些贴吧域金融服务特权，可以是"1个月普通贴吧会员 +3 个月章鱼卡吧单吧特权 + 中信专属印记"，或者"当月取现满 4 笔立减全月手续费""双倍积分"等服务。

4.10.3　被服务特征

很多社群容易消亡的根本原因在于，既没有满足成员的需求，也没有为成员创造价值。

比如，天鸽互动能够在资本市场获得认可，并不仅仅是因为其名下有很多女主播且为之倾倒的粉丝众多，更重要的是天鸽互动本身就是一个"社群服务商"——通过"营造参与感"与"账户支付体系，支撑起一个增值服务空间"等一系列运营体系构建方法，先保持社群的活跃度，进而营造商业盈利空间，这也是企业运营社群经济的要诀。

像中信银行这样的业界巨头能够成为"社群服务商"吗？答

案是肯定的。从增值服务空间的角度来看，其实中信银行只是将企业前端业务进行了互联网化，提供轻服务。中信银行信用卡中心曾试图与百度贴吧合作，建立粉丝社群，打造我国第一个金融机构粉丝互动平台。通过创建粉丝社群，中信银行加强了与用户间的互动沟通，为用户创造价值，从而树立了良好的口碑。同时，在与用户的交流沟通中，中信银行可以更好地了解消费者的需求，从而为其提供个性化、人性化、定制化的服务。

2013 年 11 月，中信银行信用卡中心推出章鱼粉丝团，这是一个基于开放性关系链和微信朋友圈组建的社群。中信银行尝试了一种新玩法，在主题中放入了一个虚拟的"3D 金融服务大厅"，首次以 3D 展示、游戏化交互的模式，提供线上办理信用卡、查账还款等基础金融服务。这个场景与线下办卡没有违和感，用户很容易就能玩起来。

2013 年 11 月 6 日，章鱼粉丝团入驻百度贴吧，建立了金融互动主题吧，并命名为"章鱼卡吧"。用户可以在"章鱼卡吧"学习金融理财知识，参与信用卡设计活动，体验中信银行为用户提供的信用卡服务以及在线下享受一些粉丝待遇。截至 2014 年 1 月，"章鱼卡吧"的粉丝已经超过 46 万人，并且每天仍有新的粉丝加入。久而久之，这些活动就内化为该主题吧的日常活动。

对于社群经济时代的企业运营，中信银行信用卡中心表示，这是首次以粉丝为中心开创了粉丝运营模式，进行了以"众创、众包、众筹"为中心的互联网模式尝试，将粉丝力量全方位地引入信用卡产品的规划、设计和营销中，使粉丝与中信银行信用卡形成了紧密联结，以此来为粉丝提供专属及有效的服务。

中信银行也按此思路融入了一些社交化与 O2O（线下商务与

互联网结合）的想法。比如，为社群成员提供分期付款优先抢购最新数码产品的优惠活动，每个月送 3 杯星巴克咖啡券，网络购物积分可在淘宝抵现消费，赠送 9 元看电影特权等粉丝福利。如此一来，实际就是为社群成员提供基础的互联网金融服务，远不止发卡那么简单。

4.11　保持活跃是满足存在感的最好方式

保持群活跃最好的方式就是满足社群成员的存在感，但是你对社群成员真的了解吗？给社群成员提供良好展示舞台的前提一定是真正了解每一位社群成员。

借鉴《小群效应》中的"三近一反"原则：相近兴趣，相近年龄，相近地域，相互帮助却又存在冲突和协作。

有形门槛：经济条件，如王通、秦王会的社群。

无形门槛：资历、经验、领域知识，如 PR 媒体俱乐部。

无形门槛：邀请制，如 PMCAFF 产品经理社区。

无形门槛：任务制，如 B 站的答题机制。

分享不一定是长达一小时的"高大上"的分享，也可以是一张图片、一句语音、一个表情。如何激发群成员进行分享呢？需要搞清楚为什么大家要分享。可能是因为大家有某方面的需求。比如，商业转化的需求、资源的需求或存在感的需求。"@"的妙用，就是满足了用户对存在感的需求，让用户感受到被关注和被看见。

将分享任务分成几个部分，由几个嘉宾一起来操作，降低难度的同时，增加了协同的人数，使多人在群内获得存在感，是一种双赢的模式。众包分享既可以是内容，也可以是对某个 logo、某条图文、某个标题、某项资源对接的协作。

4.12 内容闭环，让群成员变成生产者

我们都知道，优质的社群需要优质的内容。如果只有群主生产内容，一个群还好，若是三个群以上就会出现乏力的情况。因此，针对内容生产，应该调动群成员的积极主动性，让群成员也成为内容生产者。同时，群内的内容还能反哺其他平台，为自己获得新的流量，这就是内容生产的闭环。

如何做到呢？

第一步，群聊产生内容。

（1）把聊天内容简单整理一下，之后生成文章。

（2）从聊天内容中生成话题，发起投票。

（3）可以将主题分享整理成文章。

第二步，公众号留言产生讨论。

（1）生成各个自媒体平台的素材视频。

（2）可以将主题分享制作成视频。

第三步，生成全平台素材。

生成知识星球内容，生成专属 App 社区内容。内容沉淀平台有：知识星球、QQ 群、千聊、微信群（机器人）。

4.13 总结

运营的本质是创造对用户有价值的内容和服务，任何运营模式和玩法都只是帮手。用心服务于每一个用户，尽可能站在用户的角度考虑问题，才会让社群的价值越来越高。

社群要激活用户和留存用户，就要给用户提供情感价值，包括共鸣感、存在感、成长感、荣誉感、归属感。没有共鸣感，用户会选择自动走人；没有存在感，用户就成了小透明，一直潜水，难以激活；没有成长感，用户会认为社群没有价值，社群就不会被关注，也难以被激活；没有荣誉感，用户之间的联系就无法变得紧密；没有归属感，用户和用户之间就不会产生连接，但是对任何一个用户来说，他在某个社群里有连接的人越多，这个社群对他来说就越有温度，他就越离不开这个社群。

第 5 章

社群成交：让群内销售事半功倍

当今这个时代，社群已经是个人和企业的标配。但是有超过 80% 的公司客户群不能实现交易，也就是没有价值的社群，毕竟社群运营的最终目的是转化。如何转化社群中的目标用户或潜在用户？本章笔者将用互联网思维来解读社群成交。

5.1 问题：为什么做不好后续转化

为什么社群静悄悄的，用户不活跃，后续的转化很差？其实在营销圈看来，我们要打造一个转化率高的群，需要规避一些经常会犯的错误，下面将分析造成社群营销转化率不高的原因。

原因一，内容不垂直。

内容垂直是指输出的内容专注某一行业某一部分，这样会获得更高的粉丝黏性以及更多的平台流量，对于下一步做身份认证也是很有帮助的。那么如何针对某一垂直领域持续输出有信息增量的内容？如果你专注的领域是母婴用品或者服务，那么你只发布关于母婴的新闻或者知识类、科普类文章，这就做到了内容垂直。

如果做不到内容垂直，必然会流失一批精准客户，而且社群的活跃度不高，社群内部的成交数据也不会太好。我们需要做的就是实现内容垂直，首先找出自己的账号定位，然后在细分领域持续生产。

原因二，对私域了解不透彻，不够重视。

很多人在自己的领域营销时不重视私域的作用，不重视就得不到提升。当然，也许很多老板会说："私域我们做了，没什么效果。"实际上，很多企业只是开个企业微信或个人号，把用户往微信号中引流，就把它叫作"私域"，那效果肯定不会好。

"私域"做不好的原因一是营销者对它不够了解，二是营销者不够重视。实际上，私域是个 CEO 级别的工程。

原因三，只是一味地复制，从不去自我思考。

没有独立思考就去复制别人的模式，是不可取的，因为每个产品的属性和特质都是不一样的。我们可以借鉴学习，但一味地生搬硬套，不对自己的产品做营销设计，就只是徒劳。

微信朋友圈营销的不是产品，而是你这个人，这也是销售的底层逻辑。别人对你这个人产生信任，才会埋单，才会愿意把口袋里的钱掏出来交给你。价值互换是所有销售的本质。如果你的微信朋友圈内容都是生搬硬套来的，没有自己的思考，没有为客户考虑，别人又怎么会信任你，愿意把钱交给你呢？若在微信朋友圈一味地刷产品、刷品牌、刷领导者，别人最多只会觉得你们的品牌领导者厉害，想做代理当然也是找品牌领导者，怎么会找你呢？所以坚决不可一味地复制，而是要去探索自己的营销之路。

原因四，玩法太单调。

维持用户兴奋度，促进社群活跃度，对于任何社群来说都是一个必不可少的环节。尤其是营销类社群，要想保持较高的成交率，最简单直接的办法就是让社群中的用户保持活跃。尴尬的是，很多运营者对于营销类社群都有一个错误的认知：但凡促进活跃度，就离不开打折、降价、满减。事实证明，这几种单调的玩法已经很难让用户心中再生波澜。

如今，营销玩法变化得越来越快，各种各样的营销玩法层出不穷。玩法的变化在一定程度上能带动人们去参与，所以注重玩法的更新才能提高制胜的概率。

5.2 模式：私域转化的底层逻辑

什么是私域转化的底层逻辑？弄清楚私域转化的底层逻辑能给我们带来什么呢？首先，私域流量一般是指品牌、商家或者个人所拥有，客户持续多次被使用的流量。当用户加你为好友，进入你的社群，关注了你的公众号、抖音、微博，相当于进入了你的载体内。当用户达到一定的基数，产生了流量，有了转化的可能，这种流量就叫作私域流量。私域转化有着很特殊的算法，私域价值＝流量池 × 圈粉能力 × 粉丝转化率。私域流量运营有四个底层逻辑关键词：人设、势能、信任、价值。

5.2.1 人设打造：你是谁，你有什么价值

运营私域流量，本质上就是在运营你的人设，也就是从用户体验的角度来拆解你的人设。大概可以分成五个认知层次。

（1）外在层。你的长相、仪表、微信朋友圈、语言习惯等。

（2）角色层。你来自哪里，从事什么职业，属于什么级别。你今天在商场里遇到一个人，你如何跟他对话，你的态度是怎样的，本质上都是由你的角色决定的。

（3）资源层。你拥有什么资源，包括物质资源和人脉资源等。

（4）能力层。你具备什么能力？可以解决他人的什么问题？

（5）初心层。你想要做什么？你的使命和初心是什么？

一个人的微信朋友圈内容和公众号内容本质上还是由其角色决定的，角色是由资源和能力来决定的，而资源和能力是由其

初心来决定的。所以，做社群运营之前，要层层剖析自己：你的角色是什么？你的能力是什么？你的资源是什么？为什么要做社群？要实现什么目标？你的初心是什么？这些一定要想清楚。

5.2.2　产品本身要足够靠谱

产品本身足够靠谱是赢得信任、体现价值感的关键。就企业来说，品牌是构建用户信任感的最佳武器，如果要加一层，那么一定是"奔现"，即在现实世界中见面。

为什么要这么做？人获取外在信息的途径有五种：视觉、听觉、嗅觉、味觉、触觉。

媒介和产品永远是单薄的，用户很容易受到外界的干扰而改变对你和产品的认知。当用户实地参观、和你面对面交流，他会永久地记住对你和产品的认知，而且不会轻易地被舆论左右。

比如，很多酒类的知名品牌会开展一些活动和项目，邀请分销商进行实地考察，这本质上就是让用户更加完整地体验白酒的生产过程，通过网络渠道、微信朋友圈等进行宣传。其成功之道就是构建用户对产品的信任感，使品牌与个体形成信任关系。

5.2.3　精细化运营

笔者相信，如果企业能轻松挣钱，没有任何一家企业愿意主动花费更多精力、资源来把事情做细，一般企业做这些都是迫于市场竞争。

企业想要超越竞争对手，就必须提供比竞争对手更好的产品、服务、体验、管理、技术等，而升级这些方面就意味要比之前做得更细致、更优秀。

做这些运营动作的最终目的是提升客户满意度，延长企业生命周期，提升转化率和复购率。这是运营的终极使命，否则运营就毫无意义。

什么是精细化？其实想要理解精细化，我们首先要从这三个字着手，从中找到答案。

精，就是要取舍，要筛选。很多做运营的人第一件事就做错了，他们想尽办法把所有见过的人加到微信号上，再拉进微信群里，以为多多益善。这就是典型的没有筛选的做法，不经筛选，哪来的"精"呢？

细，就是多维度关注用户。一谈到服务，我们都会想到服务业的标杆——海底捞。看见顾客带手机，送手机防护套；看见顾客戴眼镜，送擦镜布。这样细致入微的服务，餐饮店里大概只有海底捞做到了。当你体验到与别的地方不一样的服务，你会觉得很温暖、很贴心。注重细节才能打动人。社群运营也是如此，细致地观察用户的需求，不仅包括专业层面的，也包括情感层面的，这才是"细"。

化，即标准化。不能复制的生意都不是好生意，运营动作要形成流程和标准，然后不断迭代和优化，确保每次运营都是可以迭代的，而不是推倒重来。

5.3　模型：社群成交的四个环节

社群成交是仁者见仁，智者见智。从不同的角度来看，努力、知识、机会、技巧等诸多因素都会影响社群成交，但总体来看，要想做好社群成交，有四个环节一定要做到位，即明确商业模式、"吸粉"引流、转化、裂变和转介绍。

5.3.1　明确商业模式

你给什么人提供价值？凭什么是你？你的钱是从哪来的？

这三个问题反映了商业模式的三要素：顾客、价值和利润。一个好的商业模式需要考虑以下三个方面：企业的顾客是谁，企业能给顾客提供什么价值和服务，企业所提供价值的合理价格。

判断一个商业模式能否成功，首先必须厘清有没有商业模式的三要素。如果有，就要考虑制定符合企业自身发展阶段的、实现这三个要素的落地的组织架构、工作流程及流程标准。

有经验的人认为，成功的商业模式主要有以下三个特征。

（1）成功的商业模式要具有独特的价值。这个独特的价值可以是新的思想，但更多的时候是产品和服务的独特组合。这种组合要么能向客户提供额外的价值，要么能使客户用更低的价格获得同样的权益，或者用同样的价格获取更多的利益。

（2）商业模式是很难复制的。企业通过确立与众不同的商业模式，比如对客户的贴心照顾、强大的实施能力等，提高行业门槛，进而保证利润来源不受同行侵犯。比如，直销模式（虽然仅凭"直销"一点，并不能称其为一种商业模式），大家都知道其如何运作，也知道戴尔是直销界的标杆，却很难复制戴尔的商业模式，因为"直销"模式的背后是一套完整的、极难复制的资源及生产流程。

（3）成功的商业模式要脚踏实地。企业须做到量入为出、收支平衡。这个看似简单的道理，如果想日复一日、年复一年地做到，并不容易。现实生活中的很多企业，不论是传统企业还是新兴企业，对自己的利润从何处来，为什么客户需要自己的产品和服务等关键性问题，都不甚了解。

5.3.2 "吸粉"引流

要促进社群成交，也须吸引流量。在互联网时代，流量是非常有价值的东西。流量在以前互联网不发达时也是存在的，就如一个店铺需要打广告来吸引流量是一样的。只不过互联网将很多信息轻松地连接在一起，使商品的传递更便捷，市场交换能力也越来越强。

吸引流量需要做好营销宣传，甚至玩法的创新也很有必要，客户活跃并维持在一个社群里，流量的吸引就算完成了，流量积累结束，社群的成交率自然不在话下。

5.3.3 转化

在互联网运营里，获取流量是一件比较困难的事情；在流量到来时，促进流量的转化更不是一件容易的事情。影响流量的转化因素主要有获客方式、落地页设计、转化分析、流量承接方式。

（1）获客方式。在这一环节要考虑的是广告的投放，因为投放能力直接影响转化的结果。在广告投放环节，必须考虑三个因素：精准度、可追溯性和竞争程度。

（2）落地页设计。落地页是用户看到广告后通过点击来跳转链接之后出现的第一个页面。在移动端口，最常见的广告呈现方式是信息流，落地页起到了承接流量、转化用户的关键作用。因此，制作落地页很容易被忽视，实际上它对广告转化有决定性作用。

（3）转化分析。从落地页到用户最终行为数据的落地，需要一套全链路的数据分析框架。这里最重要的就是漏斗分析，我们需要对多个数据源进行整合，并且需要一套强大的工具帮助我们完成这项工作。

（4）流量承接方式。流量承接方式是指通过广告投放引进来的用户，最终通过哪种载体来承接。目前最常用的承接方式包括 App、小程序、公众号、微信号、微信群、企业微信。

5.3.4　裂变和转介绍

很多人会把"裂变"与"转介绍"两个词画等号，实际上并非如此。

裂变的概念中包括转介绍，只要一个人可以带来另一个人的新增（不仅是购买，而且包括关注、转发等动作），就可以称作裂变。也就是说，裂变双方可以是用户，也可以是非用户。

常见的裂变工具比如任务宝，双方仅是关注公众号就认为是完成了任务，而转介绍的要求更高，要求一边是付费使用者，另一边是产品体验者或者付费使用者。

对于"裂变"这个词，抛开字面解读，通俗地讲，就是"拉新"。为了达到拉新的目的，通常裂变活动都有以下两个特点。

（1）周期短。一场裂变活动的周期一般是 2 ～ 3 天，因为用户的热情很难维持一周以上。

（2）刚需。从用户的需求和痛点出发，引发裂变活动，只有切中痛点，才能支撑足够的裂变活动。

5.4　价格：设置合理的社群价格结构

5.4.1　社群收费模式

在各大自媒体平台上，我们经常看到这样的课程广告：你只需要花费 99 元就可以学习 ×× 课程，和大咖一起进步。

课程周期有年、季、月三种。其实很多人没有合理计算定价，没有综合考虑投资成本，只是简单地参考同类产品的价格，然后一拍脑门，单方面觉得 99 元价格也不贵。

当社群进入收费阶段时，先要考虑的应该是设置什么样的收费模式，是按年收费、按季收费，还是按一定周期收费。若按一定周期收费，首先不建议按年收费，因为采取按年收费的服务最好是某种标准化的产品，可以帮助人们养成日常习惯，比如每天听一本书。笔者特别推荐行动类的社群采用按年付费模式。

做到比知道要难。在绝大多数情况下，能让你快速提高的都是非常细小的点。师傅领进门，修行在个人，更多的还是在自己的实践中得到提高。这也是笔者不断推荐行动类社群的原因：听了无数次干货分享，结交了无数价值人脉，还是写不好一篇文章，恐怕说的就是这么回事。

比如，组建一个社群，每日早睡早起打卡，坚持 21 天养成良好的习惯；组建一个社群，每周讨论两个营销案例，每周固定一个时间进行群内答疑；组建一个社群，每年发起几个众筹，帮助平凡的人实现自己的梦想。

在这里，我们想表达的是，花钱进群学习的目的是指导行动，行动是为了有所改变，而组建行动类的社群能加速改变的过程，这是因为参与和付出后人们才会珍惜。

一些社群里有很多不能标准化的事情要处理，更多的是短期项目模式，所以按一定周期收费会更好。从短期学习的角度来看，15 ～ 25 天是一个容易接受的周期，因为时间太短则很难见成效，时间太长则很多人坚持不下去。如果你的社群属于情感陪伴型，那么至少以 3 个月为一个周期，因为只有长期的情感联系才能建立基本的信任。

5.4.2　社群价格的逻辑

设置社群价格有一定的逻辑。如果没有好的想法，可以参考以下逻辑顺序。

（1）确定我们产品的付费周期。

（2）评估我们的招生规模，计算这个规模会支付多少服务成本。

（3）用成本除以招生规模，即可获得成本单价。

（4）在成本单价的基础上提高价格，至于提高多少需要考察市场。一方面是前面提到的参考竞争者的价格；另一方面是参考我们的产品在功能上与其他产品的区别，以及我们的产品有没有更大的优势。

如果我们的成本非常难以把握，也就是说，成本非常高，我们必须首先优化成本结构。例如，如果我们的社群将随后推出更多的产品，我们可以将社群运营成本的一部分提取到产品成本中，先降低收费门槛，方便帮助消费者跨过心理门槛，尽最大努力争取市场份额，增强市场影响力。

5.4.3　社群收费模式的规则

关于收费，无论采用哪种收费模式，花费多长时间，最好遵循以下两条规则。

（1）考虑用户群体的消费力，如果能留得住用户，则费用越高越好。所以前面讲的用户标签中的消费力，需要提前摸索出来。先按成本定价，切入市场，再进行每一期的滚动涨价，也是很好的刺激用户心理的营销方式。

（2）对于绝大多数社群来说，规模越大，所牵涉的管理组织成本就越高。如何在规模和服务质量之间取得平衡是每一个社群运营者需要考虑的。

5.4.4　案例与方法

1. 饥饿营销

社群定价 599 元一年，每满 100 人，入群费涨 200 元。特定价格区间内的会员资格是有限的，"仅剩 ××× 名额""××（日期）涨价"。如果用户确实觉得这个社群有价值，当然是越早加入越划算。

塑造价值，降低门槛。如果你的社群加入费用比较高，涉及购买的决策流程比较长，比如社群的年费是 999 元，而任何一个普通人要付出 999 元来加入社群，都是需要经过一番比较和衡量的。所以，我们要做的是想办法降低他的购买行为门槛。

笔者陪跑的超能妈妈，每个月都有社群直播课，让感兴趣的人花 99 元钱来试听一下。因为课程是由大咖老师提前录制好的，初学者刚进群后可能听得一头雾水。所以，在拉群之前，小助理会先给大家发一条文案，这条文案不仅包含课程内容，还包括"学习不满意，立即退款！"这一承诺。这样不仅能通过低门槛来获取数万流量，还给客户做好了心理预期。

2. 合伙人裂变机制

合伙人裂变机制可以参考以下模式：

你可以参与 1 年之内的 ×× 次课程，价值 ×××× 元。同时，我们授权你招募每月课程的学员，每个学员 ×× 元，收入全部归合伙人所有。

合伙人推荐的学员，再推荐一个新学员，学员赚 ×× 元，合

伙人赚 ××× 元；合伙人推荐的学员升级成合伙人，每个合伙人再多赚 ××× 元。

如果你成为 ××× 的合伙人，你可以一年轻松赚到 n 倍的钱，如果你是一个有影响力的合伙人，你赚到的钱可能比我和 ××× 的还要多。

5.5　布局：拉高转化率的微信朋友圈

想要提升转化率，微信朋友圈是不可忽视的一个触点，因为粉丝进入私域后，做的第一件事就是点开你的微信朋友圈。人没有第二次给别人第一印象的机会。在互联网时代，微信朋友圈就代表着第一印象，经营好微信朋友圈是提升转化率的第一步。

5.5.1　三条专业圈，两条生活圈

仔细观察那些通过微信朋友圈成功营销的大咖们，他们并不是每天随随便便地发一个微信朋友圈，而是提前策划好，有计划地发微信朋友圈。一般来说，每天至少发 3 条微信朋友圈，时间分别为早上 8 点、下午 1 点半、晚上 10 点，经过一系列数据验证，这 3 个时间段朋友圈和各大自媒体平台的流量最高。这 3 条朋友圈要紧紧围绕专业领域来设计，其余的时间发一两条生活类的微信朋友圈就可以了。

另外，要增加粉丝黏性，必须养成关注别人微信朋友圈的习惯，经常点赞、评论。每个人都喜欢优越感，如果一个人连续半

个月发的微信朋友圈都能看到你的身影，那么他肯定会关注你。

5.5.2　打造标题

文案标题是整个文案的重中之重，因为它是用户点开方案、继续阅读的引子。如果用户看到标题就失去了阅读兴趣，那后续文案写得再好也是白费。

标题是最先吸引人眼球的部分。标题起得夸张很容易，而起得恰到好处其实是很难的。有的人为了使标题吸引人，往往写得过分夸张、骇人，容易使标题与内容不符。恰当的标题是吸引流量的关键，所以掌握好分寸很重要。

5.5.3　痛点——因为痛点的问题而产生兴趣

痛点和需求往往是分不开的。成功的营销者善于利用痛点开发需求，从而促进营销。对于痛点的解释是"具体的场景、具体的人所面临的具体问题"。正视问题的存在，就是正视痛点的存在。痛点的核心在于场景，人只是场景的一部分。明白了痛点，就不难理解需求与痛点的关系。需求是场景的参与者，是基于痛点的主观感受。

另外，痛点的本质是恐惧。恐惧是人类所有情绪中最有力量的一种，它可以驱使人们实施行动并做出改变。因此，一旦抓住了用户的恐惧心理，就找到了产品的抓手，也就是找到了用户的痛点。

我们想象以下两个场景。

（1）早晨睡过了头，下了地铁之后还要走几百米才能到公司，害怕迟到被领导骂，被扣工资，这时街边有辆共享单车，你会下意识地解锁、骑车。

（2）和朋友聚会，吃完火锅，怕上火，这时服务员送上一罐凉茶，降火解热，你不来一罐吗？

从以上两个场景我们能够看出，用户在决定使用某个产品时，都出现了一个关键字——怕，因为害怕，用户才毫不犹豫地做出了行动。所以教育和医疗始终是两个火热的行业，原因就是它们都触及了人类潜意识里的生存恐惧。

"听了很多道理，还是过不好这一生"，其实就是因为我们并没有真正产生恐惧，自然也就没有采取有效的行动去改变自己。

痛点即恐惧，抓住痛点，也就抓住了人类最底层的情绪。

5.5.4　成功案例

通过提高微信朋友圈转化率来成功营销的案例有很多，家乐福就是其中一个。家乐福曾经通过与腾讯进行数据合作，3个月收获了250万轻会员，朋友圈广告的转化率由2%提升至17%，卡券最高单日核销率达86%。

从2016年开始，通过微信公众号跳转、小程序等方式招募会员，尤其是"一键开卡"等短链路应用，家乐福可触达会员，简化了流程，提高了转化率。

家乐福尝试进行了第一次小程序的会员跳转。数据显示，扫码一键开通会员的转化率达到90%，3个月内积累了250万轻会员；而家乐福App的一年下载量达200多万次。显然，小程序在获取用户方面速度更快，效率更高。

在营销触达上，微信朋友圈广告成为一个重要的工具。

2017 年 12 月至 2018 年 2 月，家乐福和腾讯在精准推介上尝试了 3 次不同形式的微信朋友圈广告。

2017 年 12 月至 2018 年 1 月，将传统海报转型为微信朋友圈广告，促销信息以 EDM（email direct marketing，电子邮件营销）呈现，广告互动点击率为 2.2%。

2018 年 2 月 2 日至 3 日，采用微信朋友圈广告 + 间接扫码小程序领券的方式，腾讯与家乐福开展小程序优惠券领用活动，促进电子卡券线上扫描直接使用，最高卡券单日核销率为 70.4%。

2018 年 2 月 6 日，采用微信朋友圈广告 + 附近优惠小程序直接领券核销的方式，微信朋友圈广告直接落地腾讯附近优惠小程序，领券核销，最高卡券单日核销率达 86%。

通过微信朋友圈广告的精准推送，家乐福节省了以往 3 亿多元的海报支出。数据显示，家乐福线上广告的总互动点击率达到 17.1%，比行业均值高出近 11 倍。

根据会员数据分析，2018 年 3 月，家乐福尝试筛选标签，给 10 万名平均家庭月收入在 1.5 万元左右的母婴类（妈妈）会员推送了一次奶粉广告，试推了 100 元券。后来的数据显示，收到这条信息的会员有 34% 的人通过电商平台转化或线下来店消费，购买客单价在 1000 元以上。

家乐福的案例无疑具有较大的借鉴意义，我们从中可以看到营销的重要性。如果说微信朋友圈、公众号是引子，真正让家乐福受益的原因是它找到了用户痛点，并做好了服务，准备好了玩法，不断迎合发展需要和用户需求，找到了属于自己的营销模式。

5.6　策划：如何做好社群日常的活动策划

社群要想保持积极活跃，就必须进行社群活动，很多社群正是被一次次活动引爆的。如何做好社群活动呢？以下是做好社群活动的核心步骤。

5.6.1　明确活动目标

活动开始之前，我们就要明确活动目标和活动的最终目的分别是什么，通过这次活动能够给品牌带来哪些好处，从认知—认同—认购—裂变四个阶段展开思考，比如增加了品牌的认知度，完成对用户的留存，实现用户转化，让老用户裂变。

目标不同就意味着方法不同，下面逐一拆解。

如果想要增加用户对品牌的认知度，则需要设计有记忆点的活动，比如文案的记忆点、形象的记忆点、动作的记忆点等，以加深用户对品牌的认知。

如果想要实现用户留存，则需要设计低成本、高价值且实用性强的"诱饵"，让用户愿意加微信或者加入社群，常见的"诱饵"有电子资料、现金红包和实用物品三种。

如果想要实现转化，则需要明确了解用户需求，再用好的服务及从众心理完成批量转化。

如果想要实现老客户裂变，首先需要提供非常优质的裂变素材，比如文案和图片，让客户直接在微信朋友圈发布或者转发，即可完成裂变，降低客户参与的门槛。客户完成活动后，再进行媒体宣传，参与过的客户被宣传后，会因为强烈的参与感而开启第二次转发和裂变。

当然，一次活动也许不止一个目标，但是绝对要有针对性，定制化地给出方案，实现落地。

5.6.2　渠道建设

说到老客户裂变，很多品牌方的社群运营人员或者销售人员会陷入一个误区，就是认为让老客户推荐新客户可能是一种损害客户关系的行为。

事实恰恰相反，根据笔者做过的大量案例的统计结果，要求推荐是非常有助于加强用户关系的。第一，让客户感受到公司对于产品和服务的绝对自信。第二，让客户明白自己能够从推荐中再次受益，通俗来说就是可以获得额外的收益。

5.6.3　写好文案

文案就是销售话术，如果开头写不好，一开始就输了。那么，若要写好文案，一定要掌握以下几点。

（1）激发兴趣。激发客户兴趣，用户就会想要多了解你的文案，笔者认为在文案的第一句甚至标题就要抓住人们的眼球。

（2）加强好奇。文案第一句的创新是为了吸引用户读第二句，第二句是为了引导用户读第三句，所以要想持续地吸引用户，就要不断地引起用户的好奇心。

（3）描述痛点。痛点是人们内心的恐惧，描述痛点就是引起人们对恐惧的回忆，进而引发需求；与客户共情，可以与用户建立感情联结和信任。

找出需求痛点，就需要我们给予用户解决方案，之前的铺垫在这一阶段开始展现效果，但这主要还是取决于产品和服务。

如果用户有痛点，方案也很合适，但不一定能促成交易，这时就需要一定的助推力量。一般的助推方式有限时秒杀、限量销售等。这些告诉用户，这次的优惠仅此一次，若错过了，就没有了。

5.6.4　内容准备

一般，微商、电商或者代理老板都需要给团队输出价值，并且进行流量的转化，培养自己的社群讲师团队。社群讲师团队壮大需要一定的技巧。

一堂成功的社群课一般需要做好三个准备。

（1）主持人准备。主持人选定，台词准备，若有模板，套用即可。

（2）主题准备。计划好要分享什么样的主题。有计划地准备，不打无准备之仗。

（3）讲师准备。与讲师沟通讲课内容，确定大纲，提前检查下更好。

5.6.5　风险管理

任何活动都存在或大或小的风险，而活动的成功与风险的控制和预防有很大的关系。风险管理很重要，成功的销售要掌控风险。应对突如其来的"黑天鹅"，实行风险应对措施计划"Plan B"是很有必要的。另外，还需要风险管理的流程。强大的风险管理流程体系能够计量风险，为企业和个体营销提供信息，提高决策的科学性。

5.6.6　活动复盘

一场活动的事后复盘，往往比做这场活动本身的意义还要大。

它是以后活动取得成功的基础，对于我们自身来说，更是重要经验的积累。

做活动运营，须牢记"节奏感"这个词，即有条不紊、按照节奏来做某件事。前期的规划、项目 SOP（标准操作程序）的建立、功能清单的建立等都是为了让所有事情能在掌控中，按着自己的节奏进行，也避免了关键信息的遗漏。

有时候，某场活动收效甚微，这是一件很正常的事情。不要心灰意懒，做好复盘分析和总结，慢慢地去尝试、去调整，总会有成功的那一天。

5.7　话术：打消疑虑的零风险话术

"超级震撼！今天跟 ××× 学习价值 ××× 关于 ××× 核心内容，想要的支付 99 元，拉你进入价值 1000 元的群，看完之后不满意，我还你 100 元，长按下图中的二维码 3 秒，支付后我发给你。"这类打消顾客疑虑的话术能够很好地促进社群成交。

5.7.1 不同阶段的话术

第一，引导阶段话术。

（1）打招呼。因为销售人员和用户不熟悉，第一印象是很重要的，销售人员要和蔼诚恳，给用户一种可信赖感。

（2）我是谁。用户与销售在熟悉之后，就可以进一步介绍，比如开始介绍自己的职位。

（3）引导用户说出痛点和需求。做到痛点的引导进阶，才能促进交易的达成。销售人员要做的就是引导用户说出痛点，从而有针对性地进行服务。

第二，问题解析阶段话术。

先罗列用户痛点，再根据不同的痛点，准备好对应的专业话术或知识（利用平时积累或临时百度百科）。

专业的话术是获取用户信任的有效方法，能够凸显自己的专业实力，让用户信任产品，信任服务。这些专业技能的凸显需要从日常中进行准备，从网络中学习或者在实践中积累经验。

第三，产品介绍阶段话术。

告诉对方痛点或问题是可以解决的，从而引导出我们的产品是从哪些方面来解决用户痛点的。同时，要有较为专业的产品结构，让用户认为产品是适合自身需求的。

第四，增加用户信任阶段话术。

给用户发送相关的用户好评或正向反馈，发见证案例，告诉用户和他一样的人如何通过与我们的合作解决了他们的痛点，这样可以激发用户的同理心。

第五，刺激用户购买阶段话术。

当用户对我们拥有了足够的信任之后，可能依旧不会购买，主要原因有三个：暂时没有需求，有需求但不着急，有需求但没有购买力。最后一种有购买需求但完全没有购买力的用户，并不是我们的核心用户，因为怎么营销也没用。针对暂时没有购买需求的用户，我们要怎么让对方产生需求呢？针对有需求但不着急买的用户，怎么才能让他们立即下单呢？

痛点刺激是指通过文字、图片、视频等方式让用户回忆起对某个事物的厌恶，进而产生痛苦。痛点刺激的作用就是激发用户远离痛苦的本能。当用户想要远离痛苦的时候，下单的可能性就会大很多。实现痛点刺激的方法是，找到消费者对某产品品类的厌恶点，再用某种形式将这些厌恶点表现出来。这就是告诉消费者"如果没有这个产品，某个场景下有多糟糕"，从而激发他们的购买欲望。比如，卖家庭教育指导师课程，可以写：

"报了太多的家庭教育课程，总共花了好几万，一点用也没有，孩子还是整天沉迷游戏，再这样下去真的完蛋了！"

5.7.2　零风险／负风险承诺话术

在交易过程中，不管是买方还是卖方，总有一方要承担交易的风险。

在很多情况下，购买者承担着这个风险——至少用户是这样认为的。用户购买了产品即拥有了它，无论用户喜不喜欢它，无论产品管不管用，是否耐用等。

零风险承诺不仅应该向用户提到，而且要向用户重点强调，并多次重申。零风险和负风险承诺能够刺激成交。零风险承诺有以下两种。

（1）无效退款。如果产品无效，客户可以申请退款，这样就保证了用户的利益，当然也要强调用户要遵守规则。

（2）货到付款。如果你的产品或服务可以按效果来付费的话，那么给用户最好的保障就是先使用后付款，用户体验和使用以后，确实收到了预期的效果，然后才付款。

比如，负风险承诺就是"你花99元买的课，如果不满意我退你100元"。如果你不但没风险，还多赚了1元钱，所以风险是负的。负风险承诺打消顾虑的作用比零风险承诺还要强。

负风险承诺可以快速解决信任问题，信任是成交的关键。转化率的飙升，不难想象。有要求退款的是非常正常，退款的比例整体不超过5%，所以从生意的角度而言，还是非常值得尝试的。只要你的产品和服务足够好，负风险承诺是很好用的一招。

负风险承诺不是万能的，有些情况是千万不能使用负风险承诺的，比如高端咨询业务和需要客户配合的业务等。

5.8 信任：五个核心让用户敢于付款

一切商业行为本质上都是围绕信任展开的，成交的前提是信任。凭借信任，人与人之间的交易关系变得简单、自然，从而赢得用户的信赖，但是信任的积累是漫长的过程，如何快速建立信任？这里有五个核心点，若能正确掌握，就能大大缩短建立信任的周期，让用户敢于购买，敢于付款。

5.8.1　印象洗脑

印象洗脑注重的是第一印象。人在与一个人初次会面时，45秒内就能产生第一印象。第一印象能够在人的头脑中迅速形成并占据主导地位。企业面试中，一个人最终是否被录用，首因效应就起着不可忽视的作用。同样，在营销中首因效应也是非常重要的。

"今年过节不收礼，收礼只收脑白金"这句广告语，几乎给那个时代的每个人都留下了深刻的印象。社群信息定期重复，有助于帮助群友更好地记住关键信息。当然，重复也要适度，过度重复会引起用户的反感。究竟什么样的度是合适的，笔者建议做大量内测，摸索最适合自己的尺度。

5.8.2　真诚是最有效的办法

真诚就是加强用户对我们的信任感，从而更放心在我们这里消耗时间、购买东西。

真诚是最有效的办法。以真诚的名义，往往是为了使事情更加便捷。为什么这么说呢？首先，真诚的话一旦说出去，总能赢得别人的信任，那么就不会在互相建立信任这一环节浪费时间。其次，真诚的背后往往埋藏了无数"伏笔"，是人们放心接触的第一步。

5.8.3　输出价值（一对多、直播）

每一个成功的案例都输出了价值，不管是打造个人品牌还是做社群、做公众号、做微信朋友圈运营、做抖音等，要想吸引并转化粉丝，都离不开价值输出，而且是持续的价值输出。

在笔者看来，至少要坚持100天，比如在抖音发布100个视频或在公众号发布100篇文章才算是持续的价值输出。先有数量，确定是用户感兴趣的内容，且自己能坚持进行输出，再不断地优化质量。

从社群营销的角度来看，价值就是对某人或某个组织有用，即能满足需求。

输出价值如此重要，那么，有哪些途径可以输出价值？如今互联网时代衍生出许多形式，如一对多直播互动的模式。信息传播的便捷使得输出信息很容易，也导致了信息大爆炸。抓住这个特点，有效地利用多种形式进行价值输出，有利于提升营销形象。

5.8.4 信任背书

什么是信任背书？借助互联网获得成功的媒体，都善于利用信任背书。信任背书是一种借力的行为，背书原本是指在转让支票的过程中，转让支票出去的人需在支票的背后签名（或盖章），那么做出背书的人就会对这张支票负某种程度上，类似担保的偿还责任，后来"背书"引申为"担保和保证"的意思，即为你做的事情或你说的话做担保和保证。信任背书就是通过借助权威人士、品牌或者高价值的东西（汽车、房子等）来增加自己的可信度。例如，与商业界大佬的合影、与大公司的品牌标识的合影等，都可以作为信任背书。

信任背书是一种思想的助力，要想做好信任背书，既需要高质量的团队，也需要真正的实力。

5.8.5　案例

重庆有一家非常有名的火锅店，其有名之处在于绿色卖点。这家店注重打造"现场炒料"的信任点，并且厨房、厨师皆是明档。明档厨房就是敞开后厨、接受检验，不怕消费者的检验，一切皆可公开。其次是活体蔬菜，直接上桌。营销方式是自动售卖机卖蔬菜，餐具当面消毒。

这一案例很好地证明了痛点切入的重要性，一是考虑到食品安全的问题；二是获取了客户的信任，既有卖点又带诚意。

5.9　转化：提升社群转化的五个维度

提升社群转化的五个维度，分别是产品和服务、突出价值、引流、刺激消费、增强用户黏性。下面逐一介绍。

5.9.1　产品和服务

（1）这是一切的根本，你要确定自己的社群能带给大家什么东西。比如产品和服务必须满足某一个群体的需求、痛点和兴趣。

（2）设置好能引流的产品，这个产品是能快速建立合作的。

（3）找到能带来利润的产品，同时这款产品能够持续带来收益。

（4）我们尽可能保证产品有以下特点：复购率高，是刚需产品，容易被大众认可，方便运输，价格可以利用的空间足够大。

（5）做好垂直定位。

（6）打造品牌，包装好自己的产品，尽可能做到与众不同。如今越来越多的企业和个人都十分重视品牌建设，打造个人 IP 还不够，一定要将其品牌化、规范化。

5.9.2　突出价值

（1）懂得如何挖掘用户的需求点和痛点，激发他们的危机感和兴趣，"你已经成功地引起了我的注意"。

（2）让用户都认可自己的观点，觉得自己说得有道理。

（3）一定要体现出自己产品和服务的特性：质量好，稀缺，能给用户省钱，能给用户带来收益，能给用户紧迫感。

（4）一般来说，我们可以宣传以下卖点：产品的独特性、产品背后的品牌故事、产品的包装和功能、名人效应、用户的反馈、采用的工艺原料或者技术、与其他同类产品的对比等。

5.9.3　引流

（1）通过微信群和 QQ 群去引流。

（2）通过自媒体和网络平台去宣传。

（3）可以参加一些展会，在现场完成引流。一旦添加的朋友对你的产品和服务感兴趣，那么，他们付费购买产品或者服务的意愿是非常高的。

（4）参加一些线下活动、沙龙和社群，去对接人脉资源，最后完成引流。除了引流，这些活动中一般还可以交流一些小技巧。好多人都会在错误的圈子里慢慢耗时间，碌碌无为地度过自己的一生，其实多参加一些活动去开阔眼界，会提高遇到同一个圈子的人的可能性。

（5）我们还能通过实体店派送小礼物或者一些共享设备去引流，如果你没有实体店或者设备的话，可以借用别人的实体店或者设备去完成这个步骤。

（6）最后一个方法就是付费让一些微信好友帮自己去宣传产品，最后吸引更多精准的用户，其实就是卖广告。

5.9.4　刺激消费

我们可以通过做一些活动，比如限时促销、限量促销，进一步刺激用户的消费欲望，从而提高我们的转化效率。当然，限时促销和限量促销针对的人群是不一样的，以限时促销来说，我们要打造的是稀缺感和紧张感，而做限量促销，关键是要让用户信赖我们和感受到诚意，否则用户的参与度不会太高。

5.9.5　增强用户黏性

（1）投群友们所好。从他们的性格特点入手，这就需要我们尽可能地熟悉社群里的所有人。

（2）学会如何去聊天、怎么去找段子；知道如何去调动气氛和制造一些引起大家共鸣的内容。如果你连交流都不会，不懂得如何活跃社群，那么社群氛围肯定不会好，你也很难展开后续的运营。

（3）做好包装。既然你要领导一个社群，那么你肯定是一个能镇住场面的专家。社群总不能指望由一个"小白"来引导吧？做社群营销很关键的一点就是一定要有一个领袖，这个领袖一定要是某个领域的专家或权威人士，这样才能树立信任感并传递价值。当然，很多知识点我们都可以在网络平台上找到，我们需要做的，就是整理好这些知识点，然后将它们变成自己的。

（4）懂得如何选产品。一般来说，我们肯定要选口碑好和品质好的产品，如果有明星代言的话，那就更好了。

（5）懂得怎么做宣传。一些聊天的截图、文章、视频等，都是我们可以利用的宣传素材。

（6）控制好脾气。千万不要主动去惹事，也不要在自己的社群中打击竞争对手，而是要展现自己的大气。

（7）善于通过各种活动和让利来激发群友的积极性，活跃社群的气氛。

5.10　流程：实现社群成交的五步法

5.10.1　引起注意

想要有订单，第一件事一定是要让客户注意到你。然而，有时候顾客虽然看起来是在听你说话，但脑袋里想的都是别的事。

无论是线上还是线下，导购都需要把用户的注意力转移到商品上去，这样才能进行下一步。在线下，我们可以通过用户的肢体语言来判断他们是否在注意听，但是在群内我们是抓不到用户的，这时候就要多设计互动，或者用改群名、发红包等方式来吸引用户的注意力。

5.10.2　唤起兴趣

当用户注意到产品，有的人会直接走掉，但是有的人会进一步观看产品，对产品产生兴趣，他们的兴趣源于产品的特质，比如产品的外观设计、功能作用等。社群内，我们也要结合用户的需求，对产品的细节进行讲解。针对用户的不同需求和动机，诱导用户产生购买兴趣，方法主要有示范表演法和情感沟通法两种。示范表演法是通过展示产品的功能、风格和特点，以及展示产品的效果，让用户对产品产生购买兴趣的一种方法。情感沟通法是顾问通过与用户的情感接触，比如聊一些家长里短，产生共鸣，在情感上亲近用户，使其对顾问感兴趣，进而对顾问推荐的产品产生兴趣的一种方法。

5.10.3　信任

信任是感兴趣后，在同类产品售卖中认为可以购买你的产品，这就是信任的作用。

经过各种比较思考，终于发现适合自己的商品并决定购买。此时，用户的信念有如下两点。

（1）信赖导购。让用户愿意挑选你的产品，这是对导购的依赖。

（2）信赖店家和制造商。这类产品适合自己的喜好，没有质量差异，对商品的依赖往往源于用户自身的感觉、经验和判断力。

5.10.4　激发购买欲望

欲望是指用户需要得到产品的急切程度，用户欲望高时，成交是很容易实现的，而销售要做的就是激发用户的欲望，除了介绍产品的好处和功能，还要结合用户自身的情况，从用户的角度提出产品能带来的价值。

激发购买欲望，主要有四种方法。

（1）以情感人法。它是指推销员运用自己的真诚和热情打动用户，使用户在情感和心理上对所推荐的产品产生兴趣，以激发其购买欲望的一种方法。

（2）多方诱导法。它是指推销员运用精心设计的系列问题，从多个方面给用户一定程度的指示，以激发购买欲望的一种方法。

（3）充分说理法。它是指推销员运用一些老客户的亲身经验、推销事实或推销例证等，摆事实、讲道理，在理性层面上为用户提供充足的购买理由，以激发其购买欲望的一种方法。

（4）共内语主法。它是指推销员先就双方一致的观点或利益加以强调，形成共同语言，以建立用户对推销员的信任，进而激发其购买欲望的一种方法。

5.10.5　促成购买行动

行动是指用户下定决心购买。销售需抓住时机来促进目标用户对购买产品的思考，帮助用户强化购买意识，培养用户的购买意识倾向，促使用户产生实际购买行动。可以提醒对方抢购时间就要结束了，或者用已经产生的订单提醒对方抓紧行动。

促成购买行动是个重要的时机，要好好把握，并做好服务让用户满意。社群内可以通过督促行动、下指令的方式帮助促单提升转化。

5.11　案例：零成本 1 个月搭建美育机构，客单价 5 位数的运营逻辑

5.11.1　美育机构面临的四个挑战

"双减"政策实施以后，美育机构将面临以下四个挑战。

（1）"双减"政策实施以后，相关部门对艺术教育培训机构管控将会更加严格。

（2）学科类培训机构将全力转战素养教育市场，各大、中、小型机构将面对更加残酷的市场竞争。

（3）市场经济下，不具备核心竞争力的艺术教育培训机构盈利将持续降低。

（4）"双减"政策实施之后，学生在校时间更长，在校外学习美育课程的时间将被压缩，学生练习各项美育技能的时间更少。

5.11.2　美育机构将迎来的六个机遇

面对挑战的同时，美育机构也将迎来六个重大的机遇。

（1）艺术教育机构将会迎来政策上的倾斜。

（2）美育中考被提上日程，这将大大提升艺术教育的地位。

（3）掌握一门到两门特长将成为全社会的共识。

（4）具备核心竞争力的美育机构将迎来更多发展机遇。

（5）具备完善运营能力的艺术教育培训机构将得到迅速发展。

（6）家长更重视孩子的美育，因而会提高对美育的持续投入。

5.11.3　教育机构新模式：线上 + 线下运营逻辑

国家通过一系列政策的实施，要把广大教育机构和家庭的目光引领到新高度——美育是整体素质教育中必不可少的一环。这对于广大美育机构来说是非常有利的。

笔者曾辅导一位儿童美育创始人，帮助她把实现客单价从5000元增长到10600元；客流量从5个非年报学生增长到20个稳定年报学生，这期间还经历了新冠肺炎疫情。最终她实现了零成本推广，还轻松达成年入6位数的目标。其最核心的成功方法就是从传统单一线下运营到线上 + 线下运营逻辑的转变，具体是怎么做的呢？

（1）从私域开始搭建私域成交体系。很多人一做生意，提起的第一件事就是引流，一旦发传单没用，就拍短视频做公域。笔者想问你一个问题：是让10万个人喜欢你更容易，还是让微信朋友圈里的1000个人喜欢你更容易？显而易见，一定是让微信朋友圈里的1000个人喜欢你更容易。于是，笔者帮助创始人重新策划和梳理了其微信朋友圈（头像、封面图、名称、昵称），以及其微信朋友圈的内容线布局。通过输出有标签的内容来吸引精准粉丝，锁定用户，还可以通过他们介绍更多的人来。如果你负责的是校区怎么办？很简单，打造对接人的个人品牌即可。

（2）做社群。如今的营销模式已经从流量思维变成了运营思维，而社群就是用户沉淀最好的载体，当这个美育机构创始人所发的微信朋友圈渐渐有了热度，她之前在美术机构积累的一些老客户开始主动来问她画室的情况，咨询的人多了以后，她就开始同步建群。但建群并不是为了卖课，接下来我们就要说第三个点。

（3）多元化经营。美术可以延伸到成年人、家庭、个人美术工作室等。家庭教育和亲子关系的社群运营转向了亲子美术成长中心，这能够让孩子在画室一坐就是两个小时，更懂得孩子的性格特点，更能培养孩子的良好品格和情绪，而不只是技能的培养。

（4）拓宽盈利方式，嫁接供应资源。现在产品多了，信息也多了，我们不知道如何选择。当有一个我们信任的人，帮我们做出选择和判断，而且这个人的选择都很靠谱，我们就会一直听他的，这就是社区团购的力量。以往在美育机构，可能只卖画材，但是当前面的三点你都做到了，家长信赖你这个人，就会主动购买一些衍生产品。

（5）对接资源。笔者团队中有一位有着 7 年儿童美育经验的课程负责人，有一位是美院毕业的，还有一位是全国绘本馆运营圈发起人，因此我们还帮这位创始人对接了美术考级点以及绘本的增值服务。她站在巨人的肩膀上，与更强的团队在一起，思维被打开，信息迭代。不得不说，做教育的人先想想自己适不适合做教育，是只关心孩子的成绩考试，还是同样关心孩子的成长。过去，家长看的是大品牌大机构，未来家长看的一定是老师，这是优秀个体能够获得成功的好机会。

　　未来的商业竞争拼的是一个"早"字。早点入局，你就是行家；一旦落后于人，你就会错失好的机会。

5.12　总结 + 本章案例

　　提高社群经营商品的成交率是一门需要学习的技术。产品的成交需要相关销售人员既懂得用户心理，也懂得营销模式。笔者所说的刺激成交的关键点就是那么几个，但是前期一定要做好一系列的准备才能促成交易，比如兴趣、信任等。销售的智慧是在成交的那一刻被印证的。在如今的互联网时代，促进成交率的玩法越来越多，比如抖音直播平台就能够展现很多的玩法应用。

　　本章案例就拿抖音常见的案例进行分析。一是卖课销售，促成交易的话术就是导师限定带人，说明学这一项课程的必要性，再加上以往学员的成功案例展示。二是明星带货促成交易的抖音商品，以明星带来的保证，达成了与客户的信任连接。三是限量秒杀，告诉你有希望以更低的价格买到好东西，借此吸引流量。研究发现，抖音激发用户兴趣的除了明星效应、商品本身、低价包邮，还有售后服务的落实给了客户良好的体验。总之，抖音引领商家重视了销售中影响成交的几大要素，满足了客户的需求。其社群的形式有别于微信，以粉丝团的形式建立一个团体，而且人们进入粉丝团也有所回报，所以可以做得很成功。

第6章
社群复购：持续高销售，客户不流失

社群最重要的价值就是能够持续产生复购，社群营销看重的不是一次性交易，而是持续的复购和增销，没有复购的社群对运营来说是非常大的浪费，没有复购的社群会让群主陷入不断为流量产生焦虑的困境。本章笔者将会阐述如何打造持续高销售的社群。

6.1 标准：什么是复购

想象一下，你去一家店，买了一个商品觉得还不错，第二次还去这家店买，这就是复购。社群作为一个能够反复免费触达用户的载体，它的核心运营目标就是复购，所以打造社群就是要打造一个能给你源源不断带来复购的机器。具体如何做到，我们先要明白用户复购的前提是什么。

6.1.1 复购的概念

复购就是重复购买，复购率即消费者对某品牌的产品或者服务重复购买的概率。复购率高，意味着用户对品牌的忠诚度高。

比如可口可乐，它因为消费者的复购率比较高，所以几乎不用太多广告也能让新的消费者掏腰包购买。再如，线下理发店的会员卡就是在引导客户复购，线上电商的短信推送也是如此。新用户带来的利润是有限的，只有提高复购率，才能使企业获得长久的利润，因为复购用户的获客成本较低，且不断复购的产品利润会更高。

复购在产品交易中是一个很重要的概念。一个产品在刚上市的时候，广告投入是比较大的，所以消费者会对这个产品进行第一次购买，而随后如果公司不继续广告投入的话，支撑这个产品的方式就是消费者的复购，所以复购对于一个产品的生存周期来说极为重要。当然，商品消费中所提到的口碑和复购率有一定的关系，口碑越好，该商品的复购率就越高。

6.1.2　复购的本质

复购的本质就是用延长用户生命周期的方式提升商业价值，把关注点放在用户的终身价值上，而不是短期的盈利。一个每月消费 200 元购买产品或服务的用户，他的终身价值可以达到 5 万元或更多。一个每月消费 1000 元购买产品或服务的用户，他的终身价值就能够达到 30 万元或更多。

正确的商业经营策略是用长期的眼光来对待顾客，关注用户的终身价值，关注长线，为用户提供价值，做好服务，这才是一家公司能够长久发展、增长业务的基石。

6.1.3　复购的前提

复购的前提是什么？要记住，实现复购做好以下三点是非常重要的。

首先是产品要有爆款潜质。产品有爆款潜质将客户吸引过来，没有爆款复购是没办法开展的。单纯的爆品生命周期短，一款产品在短期内热销，维持 1 ～ 3 个月就结束了。这就意味着，我们在选品时不仅要选爆品，还要考虑产品本身是不是具有强复购性质，后期能否提高消费频率。

其次是产品体系化。也就是对产品线的规划，可以将产品分成引流产品、信任产品和利润产品三类。引流产品的作用是吸引客户下单购买，建立初步信任。在这个流量为王的时代，流量成本高居不下。引流产品并不是为了盈利，时常就是以成本价甚至略低于成本价销售，目的是精准吸引新客户，所以一般只有一款产品就可以了。信任产品的作用是增强用户的信任，可以用秒杀、拼团等活动形式吸引用户复购。利润产品是使品牌方真正盈利的产品，利润最高的产品也是用户花费最多、对品牌非常信任才会下单购买的产品。利润产品是社群运营中拉动复购的核心产品。

通过引流产品和信任产品带动用户购买利润产品，增进关系并获取利润，形成正向循环。需要注意的是，利润产品一定要重视包装，要让用户在收到产品的时候有被重视的感觉。

最后是有温度的内容输出。我们借鉴一下早期微商的做法，虽然微信朋友圈的内容输出也承担转化的责任，但是如果仅有广告刷屏，可能会引起用户一定的反感情绪，所以社群流量不是简单地在微信朋友圈收割，而是需要长期培养关系。微商卖的不仅是产品，更是温度和圈层，你可以将自己在社群里的形象塑造为一个有血肉、有生活、有感情的专家兼私密好友。我们要做的是用自己输出的内容让用户感受到实用价值和情绪价值，以此使得社群和产品保持一定的热度，通过每天输出内容，从文字到图片再到视频，这种可视化的内容变化能让用户保持新鲜感，从而愿意看你发布的内容，这样才能保证我们社群的活性和生命周期。

6.2　精准表达差异化卖点——让用户记住你

如今这个时代，无论是产品还是品牌竞争都非常激烈。行业、很多区域都处于过度竞争状态——你能想到的，别人已经想到了；你能做的，别人也已经在做了；你开了一家咖啡店，隔壁也开一家咖啡店，甚至有可能已经开了很多家……这样的情景屡见不鲜，所以差异化才是企业的核心优势。

6.2.1　差异化的概念

差异化，简单来说就是找不同。差异化卖点即你的产品与别的产品不同的方面。产品的差异化会让其在同类产品中显得与众不同，让客户眼前一亮。然而，也可能会导致你的产品在同类产品中显得格格不入，给客户带来异样感，从而导致你陷入失败的旋涡。

通常可以从以下五个维度，提炼差异化卖点：（1）理念维度，比如宜家的理念"提供种类繁多、美观实用、老百姓买得起的家居用品"；（2）功能维度，比如海飞丝的去屑洗发水；（3）体验维度，比如海底捞的服务；（4）文化维度，比如不同的酒文化和茶文化；（5）社交维度，比如小米手机在 MIUI 及其社区不断收集用户反馈，营造"米粉"的参与感。

6.2.2　如何获得差异化

到底如何做才能在正确的道路上让产品获得最优的差异化卖

点呢？接下来，本文从两个方面来回答这个问题。

其一，在新兴行业中，产品的卖点就隐藏在消费者痛点和产品功能点的交集里，这个交集促使产品有了功能性卖点。虽然功能性卖点不止一个，但是能打动消费者的一定是其核心卖点，所以在分析需求的前提下找到用户痛点，再将核心卖点和用户痛点相结合，总结出产品自身的爆点，这就是蓝海市场下实现差异化经营的关键。需要注意的是，为了追求差异化，很多人研发了不一样的产品，觉得一定能取得较高的销售量，结果没有立足于用户的实际需求，每一个功能点都不是用户最想要的。在有竞争对手的情况下，挖掘差异化卖点，不仅要追求新颖独特，更要解用户的燃眉之急。

其二，一个产品起初可能没有竞争对手，但随着发展，出现竞争对手是必然的。那么在竞争者云集的产业中如何实现差异化呢？这是一个需要多去对比和观察的部分。提炼差异化卖点的方法和蓝海行业类似，不同点就是要时刻关注竞争者的特点，将自身产品功能点、用户痛点和竞争者产品功能点三个方面放在一起找出交集。如果三方交集具有同化性，就不能成为产品的卖点。我们产品的卖点需要从自身产品功能点和用户痛点的交集中提炼出来，再过滤掉用户痛点和竞争者产品功能点的交集，剩下的就是我方产品唯一具备的特点。

在现实生活中，有很多这样的案例，各商家推出的洗发露有不同的核心卖点，有的是去屑，有的是滋养发根，还有的是防脱发。只有突出自己产品的核心卖点，才能让人印象深刻，从而获得广大消费者的信赖。农夫山泉之所以能在众多矿泉水中脱颖而出，就是因为它首先以"水源地"为卖点，率先在消费者心中树立了纯天然矿泉水的形象。将自己的产品卖点差异化，容易在客户心中形成印象。

6.2.3　差异化卖点的四个切入点

从实际操作而言，差异化卖点的提炼一定要围绕四个切入点进行，分别是产品本身、服务、概念和渠道价格。最高明的手法便是从产品本身出发，把产品的卖点加入产品的开发设计。目前，国外的品牌大多都是这样做的，也就是说产品本身的技术内涵就是最强有力的卖点。然而，大部分国内品牌由于无法突破技术"瓶颈"，便只能靠翻来覆去地炒作概念来挖掘卖点。

其实，任何商品的卖点都不能游离于产品本身，成熟产品更是如此。产品能够满足消费者的什么需求？消费者掏钱买的是什么？产品本身能为消费者解决什么问题？这些问题都指向产品的卖点，是我们在策划产品时需要第一时间考虑的。优秀的差异化卖点应该具有容易理解且便于传播的特点，对于消费者具有较强的吸引力，如海尔热水器的"防电墙"卖点，但是这个卖点绝不能是无中生有、哗众取宠，或者想当然地胡编乱造。任何一个卖点都要经得起推敲，要有技术支撑。

6.3　使用户自愿多次复购的三大方法

一般将用户首购后的二次购买行为称为"复购"。"1 个老用户比 20 个新用户更有价值"，如何把新用户运营成不断复购的老用户呢?

首先要了解下复购的核心指导原则。能够让用户持续产生复购行为,一定是因为产品能持续满足用户需求。复购策略的核心指导原则是要将用户分层,进行精细化运营,针对不同的用户采取不同的复购策略。让原本不想购买的用户产生购买行为,让原本有购买意愿的用户尽可能多地购买和消费。这里可以根据 RFM 模型来进行用户分层。RFM 模型的 3 个指标如下。

R:Recency,指最近一次交易时间;

F:Frequency,指交易频次;

M:Monetary,指交易金额。

下面提供三大方法让用户自愿多次复购。

(1)老带新机制。老带新机制就是针对已经购买了我们产品的老客户,制定转介绍的机制,比如让老客户推荐身边的朋友购买,甚至成为我们产品的推广人。这当然是建立在我们的产品质量、用户体验和服务都能让客户满意的情况下。

(2)精准化推荐机制。利用大数据收集用户在过去的记录,比如最近 7 天某位用户在搜索结果列表页、电商平台商品收藏页或购物车都看过、添加过、收藏过奶粉产品,系统会猜测他有购买奶粉的需求。

如果一些用户只看不买,说明他缺乏下单的动机,用一个关怀或者优惠券等,可能当场就能实现转化。我们用教育产品举例,比如用户购买了家庭教育指导师课程,那么他大概率要转行,或者当前从事相关行业的可能性很大,如果后续向其推荐就业班,用户参与的可能性就很大。

充分利用用户画像分析其消费潜力和购物趋势。用户画像通常是指根据用户的不同社会属性、个人生活习惯和以前的消费行为来抽象出一个标签用户模型。

给用户贴上标签是构建用户画像的核心工作——通过分析收集到的用户信息而高度细化用户的特征标识。我们要善于对用户以前的消费行为进行分析和分类，从而实现有针对性的运营和触达，延长用户的生命周期。这样就可以有效引导潜在的消费需求，全面提高复购率。

（3）首充和复购绑定。一旦用户有了首次购买，此时商家就可以埋下一个"钩子"，让用户在下一次有需求的时候还回到商家这里。比如很多餐饮店会赠送无门槛优惠券，人性是趋利避害的，让用户害怕失去优惠，下次吃饭的时候，他反而更愿意再次到店消费。因此，从客户第一次购买开始，就要埋下一些"钩子"，让用户因为害怕失去而持续消费。

这种常用的方法有购买返优惠券，积分兑换奖品，充储值卡有优惠等。拿理发店和美容店来说，如果客户办卡，店铺甚至给予第一单免单或半价的优惠，这就是长期绑定用户复购的一种方法。

总结一下，商家要注意积累用户购买行为的数据，包括累计金额、购买频次、最后一次消费的时间，然后对用户进行分层，再采取不同的策略刺激用户提升消费额度，接着针对第一次消费的金额，在可能产生二次复购的时候，给予其一定的优惠，刺激用户持续购买，实现用户终身价值最大化。针对新用户可以直接给予其优惠券，对于老客户就以老客户专享价或积分抵扣的形式提高复购率。

6.4　什么是关联性复购

关联性复购关键在于营销，最后达到销售的目的，是建立在双方互利互益基础上的一种营销方法。这里介绍一个新的概念，交叉营销是指对时间、金钱、构思、活动、演示空间等资源进行整合，为企业或商品提供低成本的渠道，以便接触更多潜在用户的一种营销方法。利用交叉营销，在商品、品牌等营销内容上寻找关联性，以此来实现深层次的多面引导。

6.4.1　关联性复购的目的

关联性复购的目的就是把引流效果最大化，提升客单价。比如，用户想买蚊帐，你可以向他推荐挂钩；用户想买乒乓球拍，你可以为他搭配乒乓球。一些商家做爆款营销往往有一个误区，就是着力制造爆款，认为只要爆款的销量增长了，活动就是成功的。其实不然，成功的爆款产品，很重要的一点就是通过爆款引流，将店铺中其他的商品销量带动起来，形成一超带多强的阵势。同时，由于关联性复购的营销为客户提供了更多的选择，引导客户进入社群，因此在提升客单价的同时，可以增强社群的互动，增加社群流量，对社群的转化率也有积极的作用。对于客户而言，提供正确的关联商品也会提升社群的客户体验，让顾客觉得，这里的很多东西和服务都符合自己的喜好，进而培养一批忠实的社群客户。

6.4.2　关联性复购的三种方式

关联性复购主要有以下三种方式：互补关联、替代关联、潜在关联。可能听起来比较抽象，难以理解，其实关联性复购就是通过能够产生关联性的方式，帮助用户更好地联想到你的产品。下面结合具体案例介绍。

1. 互补关联

互补关联是指搭配商品和主推商品有着直接的相关性。如主推产品是瓷碗，就可以搭配勺子；主推商品为鼻贴，可以搭配面膜、洗面奶之类的同场景产品。平时我们逛的商场中，产品的摆放区域、摆放位置都是很有讲究的，细分起来值得学习的内容很多。只说其中一点，当我们结账等候排队的时候，结账区附近有各种小件商品，价格不高，但都是日常生活中常用的产品，如口香糖、水杯等日常需求量大、消耗快的产品。由此可见，关联性复购不是随意堆放几种产品，而是要考虑产品的价格接受度、产品的需求度，这样才能让社群买家付费。

2. 替代关联

替代关联是指关联商品与主推商品之间是可以完全替代的关系，也就是不同类型或材质的同种产品。比如主推商品是圆领 T 恤，关联产品就可以是 V 领 T 恤、立领 T 恤等。

3. 潜在关联

潜在关联是指重点强调两种商品的潜在互补关系。比如主推商品为泳衣，那么潜在关联商品就可以是防晒霜，两种产品看似没有联系，但是从潜在意义上看，买泳装的人会在户外游泳，那么防晒霜就是必备的。

6.4.3 追销的两个步骤

没有追销的行业，就没有未来。追销也是实现关联性复购的一种很重要的方式。

追销可以分为两个步骤：一是设置标准，二是明确差异化。通过增销、减销、再销、跨销、捆销、锁销，实现关联性社群复购。不管是线上还是线下，消费者的购买需求都是一样的，都想拥有比较多的选择，所以他们会在各个地方寻找各种各样的产品。因此，我们一定要在社群里设置不同风格的产品，这样才能增强消费者的购买欲望。

6.5 客户不流失的四大方法

大家都知道，客户的去留直接影响着商家收入。如何防止客户流失，是生意人始终在探究的课题。当社群的流量做起来了，客户自然也就增多了，当客户越来越多，我们如何防止客户流失呢？

6.5.1 产品质量是第一位的

我们要明白，稳定的质量是维护客户忠诚度的最好保障，也是应对竞争者的最有力武器，更是保持业绩增长和盈利的唯一途径。

影响会员复购率的最主要因素是商品质量。因此，我们需要在产品的质量上下大功夫，保证商品的耐用度、可靠度、精确性等价值属性，才能在市场上取得优势，才能在商品的推广和销售中创造良好的运作基础，才能真正地吸引客户的目光。

产品是命脉，所有的方法均是在产品质量过关，且都是在商品同质化基础上而言的。

6.5.2 树立"客户至上"的根本服务意识

比如，某年夏天，武汉炎热无比，空调销量大增，但由于当地售后服务团队的人数有限，海尔预料售后服务将面临很大的人员危机。因此，武汉海尔负责人致电总部，要求调配一部分东北市场的售后服务人员来武汉支援。于是，东北市场的海尔售后服务人员乘机直抵武汉。在这个案例中，用户得到了海尔空调的全心支持，认为海尔喊出的"真诚到永远"所言不虚，这是武汉人都知道的事情。

由此可见，任何行业，服务质量好是最重要的，是留住客户的最重要因素。随着市场经济的不断发展和深化，同质化倾向越来越明显。在品牌竞争日趋激烈的今天，如何不断提高企业盈利水平和竞争力呢？答案很简单，就是提高服务水平，以服务博顾客，以服务促销量，以服务保市场。有些企业的服务意识淡薄，致使顾客大量流失。企业的服务是无形的，难以衡量，为了让客户买得放心，无后顾之忧，售后服务是必须做好的。

6.5.3 强化与客户的沟通

新客户来临时，应及时将社群产品的经营理念和服务宗旨传达给客户，以便获得对方的信任。交易中遇到矛盾时，应及时与客户沟通，及时处理，解决问题，适当的时候还可以选择放弃自己的利益，保全客户的利益，增加客户对我们的信任。

6.5.4 增强客户对企业的品牌形象认知

一方面要通过改进商品、服务，改善人员、企业形象来提升社群产品的形象认可；另一方面要通过改善企业服务和升级促销网络系统，减少客户决定购买产品的时间、体力、精力的消耗，降低货币和非货币成本。只有这样，才能提高客户的满意度，提高双方继续合作的可能性，从而为社群打造良好的形象。

防止客户流失的工作既是一门艺术，也是一门科学，企业需要不断地创造、传递和沟通优质客户的价值，这样才能最终获得、保持进而增加老客户的数量，打造企业核心竞争力，使企业和品牌拥有立足于市场的资本。

6.6 让客户争相多买一套的三大秘诀

让顾客多买东西并不是难事，最重要的还是经营者的经营策略和长远的目光。促销活动的制定、社群的经营和智能硬件的使用都对社群的长远发展产生重大影响。

6.6.1 错觉折扣

我们先来看一个案例。日本三越百货在一次活动期间，制定了一个促销方针：凡是在本商场购物的客户，无论购买什么商品，都可以用 100 元购买价值 130 元的商品，也就是购买 130 元及以上的商品后店铺当场就给顾客优惠 30 元。此广告一出，立刻引起了很多顾客的注意，他们纷纷涌向三越百货，尽情地挑选自己所需要的商品。一时间，冷清的店铺开始变得繁华无比，一个濒临亏本的店铺销售额开始直线上升，据说采用此法的第一个月，销售额就猛增至两亿日元。此后各种店铺纷纷效仿，也都取得了很好的业绩。

东西价格便宜了，肯定质量也差了，这是很多人面对各种打折时的常见心理。要消除顾客心中的疑虑，让他们觉得实际上是赚到了，因为产品质量并没有下降，比如"只要花 120 元钱就能够买到店里价值 150 元的产品"，或者"只要花 99 元，就可以在店里挑选任何高于 99 元的原价商品一件"。不同活动方案的描述给用户带来的感觉是完全不一样的，这就是错觉折扣的魅力所在。

6.6.2 "一刻千金"

吸引消费是一个让销售头疼的问题。对此，武汉一家超市推出了一种新的营销策略：晚上 7 点至 7 点 10 分，这 10 分钟内所有货品 1 折销售。这个创新当日没有带来很大的效益，然而第二天有了人潮般的消费者涌入这家超市，在此期间人流量达到此前同时期的 5 倍，第三天达到接近此前 10 倍的流量，当月的销量翻了

5 倍。很多人看到这个营销策略的时候第一反应是怕上当，然而第一天超市兑现了承诺以后，获得了极大的受众认可，而且无形中为超市炒作了一把。带来的后期利益也是不容忽视的。

"一刻千金"的促销方案，其实就是让买家在规定时间内自由抢购商品，并以超低的价格进行销售。比如在你的社群商店中，每天早上 9 点到 9 点零 5 分之间拍下的产品，用户只需以 5 元的价格成交。这个促销活动看似亏本，实际上会给店铺带来急剧增长的销量和更多的潜在客户，当顾客被吸引过来之后，接下来就是让顾客对产品付费了。

6.6.3　阶梯价格

如何采取阶梯价格的办法？我们先看实际案例。国外有家蛋糕店，老板把每天卖不完的蛋糕在第二天以半价销售，第二天基本上就将蛋糕卖完了。当美国爱德华法宁的商人知道了这个事情以后，灵感随之而来，提出了这样的一个自动降价促销方案："销售初期 1 ～ 5 天全价销售，5 ～ 10 天降价 25%，10 ～ 15 天降价 50%，15 ～ 20 天降价 75%。"这个方案内的降价幅度在不同的行业可以制定不同的尺度，对时间限制较大的商品，我们可以加大商品的折扣力度，反之则拉长降价区间的天数。

案例很短，但深刻反映了一件事情：对于具有时节性的商品，尤其是会过期的商品，商家如果不及时处理，就会成为一件废品，而废品是没有价值的。生产商品的成本已经产生，与其白白浪费，不如缩减利润，甚至是没有利润和少量亏本，也比商品完全失去价值后扔掉划算。价格降低对于消费者本身就是一种消费欲望的刺激，面对这样的刺激，往往会产生相当数量的售卖量。

6.7 搭建会员体系的三个核心要点

搭建会员体系的目的是通过综合运用运营手段，提高不同类型用户在购买商品时的活跃度、留存率和付费率，其核心目标是将用户群体拆分为特征较为明显的不同群体，在此基础上有针对性地设计运营方案。

会员体系是指通过区分用户类型，即在普通用户的基础上找到会员用户，再依据普通用户和会员用户的区别，提供不同的产品、服务和优惠。通过会员体系对用户进行管理，可以增强部分用户的归属感，获取更多的用户数据、资料，最终了解用户的兴趣爱好和消费习惯，挖掘用户的意向需求。

搭建会员体系有三个核心要点，具体如下。

6.7.1 构建会员体系场景

我们可以看到，一些引入新零售数字化会员管理的零售商，在会员管理方面存在很大的问题，最终结果往往是，会员有了但没有实际销售效果，会员权益一波又一波却难以激发用户的兴趣。其中，存在以下两个方面的问题。

其一是过于依赖数据与智能化，认为数据与智能化什么都能够解决。其二是堆砌权益。所有的权益堆砌都是一种对成本的浪费。比较肯定的是，如果我们不能用权益体系为用户提供一个心智场景的服务定位和价值定位，那么零碎的权益将会变得毫无吸引力。任何一个会员，如果想有力量，都要围绕一个生活主题和消费场景来产生，这样用户才会在遇到这个生活场景的时候主动打开你的社群平台，使用这些权益，从而实现促活，否则就是浪费成本。

因此，构建会员体系的核心是场景独占。会员产品的设计并不仅仅是运营和产品的策略，而是以用户为中心的服务场景规划的商业模式构建，所以场景的规划与会员权益的设置就显得非常重要，它关系到后面促活成本和整体设计的核心。一个好的场景规划会帮你切分一个长期的市场，用较低的成本持续复利占据市场。实际上这就是用场景的规划去吸引用户注意力，并用持续消费的优惠，让用户扎根在自己的场景内。

一旦我们确认了为用户的哪个场景服务，就要围绕这个场景和人群来设计权益，因为只有这样，才能降低传播会员、定位会员、打开会员的成本。

6.7.2 合理定义用户生态

如果会员的一部分商业逻辑是超级用户，那么把每个超级用户行为和画像的数据形态定义出来就是核心的关键，所以会员产品的设计一定要配合数据工具的建设。我们要依靠对用户画像和线下行为的数据化分析来建立我们对于用户生态的基本认知。我们如何定义超级用户所考量的维度，反映了我们有怎样的价值观，而每个行业都会有自己的生态健康的维度，值得认真定义。在这个生态定义中，我们奖励什么样的行为，具有相应行为的用户就会留下和成长。

6.7.3　会员产品要简单、自然

会员产品交付到用户手上，要简单直接，最好简单到就像玩游戏做任务一样。所以，把商业的复杂逻辑转换成用户学习起来很简单的任务体系，就变得非常重要。这个环节如果说不清楚，用户根本不会进入你的"会员游戏"中。产品所代表的场景和行为要让用户显得更高级、更优雅、更有趣、更有文化，所以我们要将诸多用户行为整合成一种观念、一个场景定位和一个象征。这些内容可以自动生成，且将用户在使用过程中的所有可被炫耀和传播的点都变成数据内容，然后将用户的贡献真正转化成实际的行为价值。

会员体系是从商业到产品再到传播的整合。构建智慧零售会员体系，需要重新理解商业模式的切换，把产品思维转化为可持续性服务思维，并不是简单地返利给用户。在此过程中，要深度整合商业、新增留存运营、产品、设计、品牌、传播、数据算法、用户运营、供应链等诸多领域，同时基于互联网数据功能，服务超级用户，形成闭环场景。

6.8　如何用积分体系提升复购率

6.8.1　积分体系的重要性

在传统商业中，积分是虚拟货币，用来激励长期活跃的忠诚消费者。大部分公司都符合二八原则，即 20% 的头部用户（高频高价值用户）贡献了 80% 的收益，而且维护一个忠诚用户所耗费的成本通常只有获取新客的成本的 1/5。

我们需要重新梳理积分体系。查看和提升会员积分体系，从已经获得的积分看会员活跃度，再从积分核销和使用入手，提升会员活跃度，形成闭环。

第一，积分以免费形式获得。也就是说，用户通过一定的免费行为即可获得积分，当积分累积到一定程度，用户可以用积分兑完奖品。此方案对自有商品购买没有任何引导，它的核心目标是提升活跃度和留存用户。只要"赚积分"的免费行为具有较强吸引力，就会很明显地提升平台活跃度和留存用户。但是如果没有具有较强吸引力的商品，或者兑换起点过高，对用户行为的引导作用不明显，可能会积累大量对销售无明显贡献的活跃用户。

第二，积分需要通过购买行为获得。系统设定在订单完成后，用户会获得一定积分的返点。此方案的核心目标是提升留存和销售的转化。积分链路简单易懂（购买—返积分—购买），用户理解成本较低。购买之后才会产生积分，所以能实现留存和复购的转化目的，但是这种方式不适用于急需活跃用户的项目，可适用于有大量存量用户、急需销售转化的阶段。

第三，将二者综合，即免费形式和购买行为都可获得积分。利用免费积分可实现短期内的用户增长和活跃，待用户习惯逐渐养成时，再减少免费积分的占比，以购买行为积分为主，实现销售的转化。

6.8.2　积分消耗的要点

需要注意的是，积分只有在被消耗的时候才能让用户感受到价值，在积分消耗方面主要考虑两点，即用户期待和长尾需求。

（1）用户期待。积分所起到的激励作用主要通过用户期待实现。比如，当某个用户每天完成签到任务，持续一周后获得了200 积分，而兑换他心仪的商品需要 500 积分，这时候他是否会在下周继续签到，就取决于他有多想要这个商品，或者说他觉得继续签到是否值得。一般来说，为积分定价时，应该让兑换的比率满足大部分用户对产品的期待。

（2）长尾需求。小部分的忠实用户虽然能为平台贡献大部分的销售额，也获得了大部分的积分，因此他们往往更能通过积分来换取优质商品。然而这毕竟是少数用户，仍有大部分用户持有的积分比较少，他们被称为"长尾用户"。商家也需要考虑他们的需求，这样才能让大部分用户都有动力去获取积分。这时候，就需要准备一些回报价值不高却具备一定可用性的商品，以此满足长尾用户的积分兑换需求。

比如，很多企业的平台刚上线时，处于冷启动阶段，急需线下活跃用户，此时可以在积分商城中设置持续签到即可获得免费积分，进而可免费兑换商品，再加上商品品类相当丰富且有较强吸引力，因此吸引用户的效果相当好。此阶段以提升活跃度和留存为主。这种满足长尾需求的方式，通过用户在平台签到登录以及购买路径的引导，培养用户使用平台的习惯，进而达成最终的运营目标。

6.9 总结 + 本章综合案例

复购在商品交易中是一个很重要的概念。一个产品在刚上市的时候，广告投入是比较大的，消费者会对这个产品进行第一次购买，而随后如果公司不再对产品进行广告投入的话，支撑这个产品进行生产的方式就是消费者的复购，所以复购对于一个产品的生存周期极为重要。

掌握社群复购的关键，就是先了解复购的前提和本质，在此基础上做好产品和服务，充满底气才能充满自信，更好地为客户提供价值。当我们决心参与到社群项目中的时候，自信将扮演重要的角色，这是我们为客户带来更好服务的底气。没有人会站在你的角度来看待你和你所做的项目，所有人都热衷于分享自己熟知的事情。

在新兴行业中，产品的卖点就隐藏在消费者痛点和产品功能点的交集之间，这个交集促使产品产生了功能性卖点。一个产品起初可能没有竞争对手，但是随着用户的发展，出现竞争对手是必然的。在竞争者云集的产业中如何实现差异化运营呢？从实际操作方面来看，差异化卖点的提炼一定要围绕四个切入点，分别是产品本身、服务、概念和渠道价格。

综合运用错觉折扣、阶梯价格等方法，将顾客群体拆分为特征较为明显的多个群体，有针对性地设计运营方案。会员体系是指通过区分用户的类型，在普通用户的基础上找到并划分出会员用户，然后根据普通用户与会员用户的区别，提供不同的产品、服务或优惠。通过会员体系对用户进行管理，可以更加有效地增强特定用户的归属感，获取更多的用户数据和资料，最终了解用户的兴趣爱好和消费习惯，用以挖掘用户的意向需求，同时重新梳理积分体系，并查看和改进会员积分体系，从已经获得的积分看会员活跃度，再从积分的核销和使用入手，提高会员活跃度，最终形成闭环。下面是某家串串店的综合案例。

第一步：前端让利，疯狂引流。

活动方案：双人串串套餐，价值 128 元，只要你花 3 元钱办理一张店铺的会员卡，然后发布此活动到微信朋友圈集满 10 个赞，在开业期间就可以带着一位朋友过来免费吃这个套餐了。

——卖出去 1300 张会员卡。

第二步：充值活动。老会员现在储值 500 元，就送以下超值大礼包。

（1）美发店价值 98 元的洗剪吹服务 2 次。

（2）足疗店价值 168 元的足疗按摩服务 1 次。

（3）烧烤店的 30 元代金券 10 张，价值 300 元。

（4）汽车美容店的洗车卡 10 张，价值 200 元。

（5）KTV 的免费欢唱券 2 张，价值 158 元。

——成交额 40 多万元。

第三步：进一步引导复购。

只要再次充值 500 元，不仅大礼包全部送，以后只要来吃串串，都会免费送一个价值 58 元 的串串拼盘，来 10 次送 10 盘，来 1000 次送 1000 盘。

复购策略的核心指导原则，一定是对用户分层并精细化运营，针对不同的用户采取不同的复购策略。复购策略包括：一是建立用户内推奖励机制；二是利用大数据给用户推荐产品；三是基于行为数据的精准推荐，使用用户画像，通过数据分析了解用户的消费潜力和动向；四是运用首充和复购绑定策略。

如何防止客户流失，是生意人始终在探究的课题。当社群的流量做起来了，客户也就增加了，随着客户越来越多，如何防止新老客户流失呢？首先，要做好质量营销；其次，要树立"客户至上"的服务意识，增强与客户间的沟通，强化顾客对店铺的品牌形象价值认知。防止用户流失既是一门艺术，也是一门科学，需要企业不断地创造、传递和沟通优质顾客的价值，才能不断获得新客户，保持和增加老顾客的数量，打造企业核心竞争力，使企业拥有立足于市场的实力。

第四篇

扩大影响力

第 7 章

社群裂变：让用户帮你做推广

互联网时代什么最重要？流量最重要。抓住流量，就打通了销售的渠道。那么获取流量依靠什么？有一种方法告诉我们，靠裂变。本章将会揭秘，如何不花一分钱，让用户自动帮你做推广。

7.1　裂变成功的核心原因是什么

裂变可以说是相当成功的营销方式之一，每一个运营人都应该学习裂变的原理，分析裂变营销成果的核心原因，从而真正理解其内核，掌握其精华。裂变成功的核心原因大体可以概括为五点，分别是设置利益奖励、活动规则的设定、活动稀缺性、信任感的获取和宣传推广。

7.1.1　设置利益奖励

利益是每个人都追寻的东西，霍尔巴赫曾经说："利益是人类一切行为的动力。"所以吸引人们眼球最重要的一点就是有利可图。一场成功的营销裂变离不开利益奖励带来的激励作用。这种激励制度促成双赢：用户自发地转发宣传以获取利益，社群能在短时间内获得更多的流量。

其中，利益奖励是多种多样的，可以是好的课程、门票等，最吸引人的是现金激励。利益奖励要符合营销的对象，例如，营销对象是宝妈，奖励的东西一定是与其相关的育儿用品等。俗话说："舍不得孩子，套不着狼。"这句话告诉我们要有所付出，才能有所回报，任何生意前期都需要进行投资。

投资大不代表生意一定会风生水起，但在一定程度上决定了生意兴隆的概率。前期的利益奖励要足够吸引人，还要降低用户参与活动的门槛，才能有更多的人愿意加入。

7.1.2　活动规则的设定

用不同玩法来吸引用户参与互动，必定需要制定规则来规范活动，保护双方的利益。在制定过程中，越是简单明了的规则越能留住用户，这也是成功裂变的关键之一。人的本性就是趋简避繁，如果规则过于复杂多变，则不具备调动积极性的作用。

提供给用户清晰的路径，做成图片或者以流程图的方式，让大家清晰明白，才能更好地执行指令。

7.1.3　活动稀缺性

无论在什么时候，占据稀缺性总是可以掌握话语权的。

裂变营销中一个需要把握的点是，活动不是无上限地进行，而是要设定限量，或设置一定的门槛。激发用户不参加就是损失的心理，其核心理念就是让顾客觉得值得，且不可错失。比如秒杀、限时等营销手段。

7.1.4　信任感的获取

人类在没有货币之前的交易源于信任，时至今日，信任始终贯穿于交换活动中。通过裂变营销获取流量，其本质也是在进行交换。信任是裂变成功的重要因素，那么如何营造令人信任的良好形象呢？大金主最常见的营销手段就是通过第三方进行信任的加持，如请在社会上有地位的名人来代言宣传，这不仅能增加知名度，而且能侧面积累信任度。人们会相信自己喜欢的名人所代言的产品，因为人们信任，所以有名人担保的品牌提升会更加迅速。另外，拥有证件资质或者背靠名企，也是一种信任的加持，如南极人授权商标办得十分红火，这种现象就很好地体现了一个品牌给商家、用户带来的影响。

7.1.5 宣传推广

宣传推广是实现裂变必不可少的一步。有渠道推广，也需要有推广的业务能力。如今互联网的推广平台很多，如微信朋友圈、微博、公众号等。

推广不只是进行简单的宣发，想获得成效是需要精心设计的。如何积攒前期流量？如何设计推广节奏？这些都需要有专业经验的人来指导，这样大家才能做好宣传推广。

7.2 病毒式裂变传播机制设计的三大要素

前面分析了基础裂变营销能够获得成功的核心原因，接下来，笔者谈一谈病毒式裂变涉及的三大要素：使命、名、利。使命是营销想要达到的目的和意义，名指的是口碑，利指的是利益。

病毒式裂变获得成功的案例有很多，其中最为人们熟知的，当数拼多多模式了。一个成功的裂变式增长需要先明确所要营销的对象以及大概的方向。拼多多将营销的对象指向了低端市场，下沉到了二、三线城市，甚至是县城和农村。其方向是准确的，因为在中国整体市场占比最高的就是这一消费市场。早期拼多多的精准目标是老年群体，通过微信渠道获得流量，以其独特的价格优势和各种玩法在市场占有了一席之地。如今，经济出现颓势，拼多多的市场越来越年轻化，主要原因是大家手里都没有钱，拼多多以其价格优势在消费市场打开了一片天地。

究其原因，可以看出拼多多不仅找对了市场，而且找准了营销对象的痛点。同样找准用户痛点的成功案例还有蜜雪冰城，也是下沉市场，用一系列资源的采集建库、科学的运输系统，使成本得到控制，实现了薄利多销的目的。蜜雪冰城的主要营销点就是物美价廉，除此之外，为了寻找记忆点，还设计了特殊的品牌吉祥物——雪人。雪人的形象可谓老少皆宜，所以蜜雪冰城从上到下的目标走向清晰且非常一致。

一些主打高端的品牌奶茶进攻奶茶市场，似乎不是那么容易。高端市场并不是无利可图，相反，高端市场做得好的也能生意兴隆。品牌把握不准客户的痛点，无法实施精准的服务，才是真正的问题所在。高端市场的痛点是顾客偶尔的高奢消费，体验在日常生活中不常有的享受服务，因此奶茶需要做到美观、货真价实和上档次。只有明白用户痛点，才能找准前进方向。

找痛点也是营销中很重要的一部分。分析客户为什么要买，通常结合商品对于客户的价值以及痛点进行分析。商品的高价值包括高性价比、高规格和特别的权利。找痛点就是找必须买这件商品的理由。

裂变获得成功的第一步是确定使命，确定目标走势。第二步是需要进行口碑的稳固。人们之所以愿意付出，是因为物有所值。拼多多在打价格战的同时，不断地优化自己的产品。从以前被吐槽到如今被接受，拼多多做了许多改变。顾客愿意转发宣传拼多多的商品，绝不是单纯只靠病毒式的社群营销，其深层原因在于其口碑的建设。第三步，也就是第三个因素——利益。口碑产品不可能全覆盖，高手段是以利益为导向，利用裂变营销的工具，扩散到每个客户。有许多客户为了得到他们认为可以为之宣传的利益，会进行群发宣传，这样就实现了一定程度的裂变。

7.3　增长销售方案的六个关键点

在销售方案中，研究六个关键点能够有效提升销售效力。

7.3.1　用户痛点

前面提到成功的营销案例蜜雪冰城，其针对用户痛点完成了很好的营销服务和产品设计，那么如何准确地发掘用户痛点呢？主要从以下三个方面入手。

第一个方面就是从用户的某个需求入手。比如手机空间不足的问题，现代人大多喜欢拍照，照片占用过多内存就会导致手机卡顿，针对这个痛点，许多软件上线了云储存空间功能，开启VIP 会有更多的存储空间和权益。同样，WPS 中有数据恢复的功能，只要开通 VIP，就能获得相应的权限，这是针对用户不小心删除信息的痛点而设计的。

第二个方面是从用户需求的不同阶段入手。以智能家电为例，一个智能家电会经历研发、生产、购买、使用、维修、回收六个阶段。许多大厂会包揽所有环节，但是公司往往聚焦于研发、生产甚至是销售环节，重视前几个环节的运行，很少把过多的精力放在维修和回收方面。这就导致这两个环节的服务不够精细，不够便捷，往往家电需要维修时缺少便利的渠道，破旧的家电更是难以回收，同时造成了维修和回收的市场空白，如果能极大地挖掘需求，做到精细化、针对性的业务处理，一定可以击中用户的痛点。

第三个方面就是从场景入手。如何理解从场景中找到痛点呢？这就需要多观察，多调查用户生活中存在的问题。比如家中雇用了保姆照看老年人，因为不放心，所以在家安装监控，但是安全监控只能观察。于是，企业为监控开发了很多功能，比如声音传输、人像识别等，这就是从场景中找到痛点。

由此可见，掌握用户的痛点可以从这三个方面入手，进而发掘用户潜在需求。痛点没有想象中那么难找，难的是进一步满足客户的需求。

7.3.2　卖点

产品的卖点则是迎合了用户需求的痛点，具备独一无二或者别出心裁的特点。产品的卖点不光是产品自身与生俱来的性能，还应有营销战术为其包装，这需要策划者具备丰富的想象力和创造力。卖点获取的角度主要有以下三种。

一是从产品自身获取，卖点可以是研发出来的功能，如空调的变频、手机像素分辨率的提高等。

二是从第一创作中获取，这指的是提炼产品共有的特性，如"农夫山泉有点甜"的宣传语。

三是从差异化中获取，这指的是卖点与众不同，具有独占性，如金龙鱼的"1∶1∶1"就是差异化卖点。

从这三个角度可获取营销的卖点，卖点最主要的就是创新创意，能更好地突出营销产品。

7.3.3　社交利益

社交是人与人的互通交流，社交利益通过社交的方式进行利益转换。从本质上来说，社交利益是一种基于社交关系的营销模式，具有参与性高、互动强等特点，往往更容易通过社交亲近的圈子进行传播，品牌更容易获得认可，所以可信度高，有利于口碑的宣传。如今，社交营销成为趋势，更多地带动企业依靠微信公众号和小程序进行营销和宣传。有不少人在微商圈子已成功积累起了财富，这就是社交利益营销的魅力所在。

7.3.4　裂变玩法

如今，网络平台越来越火，互联网的便利让人们找准了商机。互联网打破了现实的局限性。慢慢地，越来越多的裂变玩法也应运而生，常见的裂变玩法有任务裂变、分销裂变、打卡裂变和测试裂变等。

裂变玩法还有很多。不只局限于社群和公众号，近年来小程序也开始流行，裂变玩法的背后都需要整体团队的协作配合。

7.3.5　营销包装

营销包装通过美化产品来达到最终的目的，无论是虚拟产品还是实体产品都需要一定外力的加持。

实体产品多靠视觉或者功能创新的营销，虚拟产品也同样需要通过展示效果等方式来营销。营销包装的负责人需要有丰富的创造力与审美力，在合情合理的范围内美化自家的产品。

7.3.6　渠道资源

运营人需要深挖渠道，了解渠道资源。渠道资源当然是性价比越高越好，好的东西自带宣传效应。渠道类型可以有很多种分类，按照长度划分，可以划分为长渠道和短渠道；按照宽度划分，可以划分为宽渠道和窄渠道；根据中间商介入层次划分，可以划分为零级渠道、一级渠道、二级渠道和三级渠道。

渠道越长、越多，对营销就越有利，所以掌握好渠道资源是很关键的。

7.4　流程：梳理裂变的完整流程

裂变流程基本可以分为九个步骤，分别如下。

（1）创建多个微信群并生成活码。

（2）把活码 PS 到海报上。

（3）用户扫描海报上的活码。

（4）推广活码海报。

（5）用户扫码进群。

（6）群里机器人自动 @ 新加进来的用户，发送消息话术，提醒他只有转发了对应的文字和海报，才能继续留在群里。

（7）用户转发海报图文，不断为群带来更多的用户。

（8）新用户进群被提醒转发海报，不断重复裂变。

（9）在群里发送活动链接或领取方式（这个活动可以是免费领东西、资料，也可以是免费听课等）。

在这个流程中，前五个步骤完成外部流量的导入，到第六步开始进行内部流量的裂变，要求客户转发文字、转发海报，这样不断重复实现裂变。内部流量裂变展开后，还要经过清晰化的运营实现用户的持续增长。

用户获取有两个关键点：一个是持续，另一个是稳定。如何实现这两个关键点呢？下面举例进行解析。

上海有一个孕产服务项目，需要引进流量，发现目标客户。经过分析，项目的目标用户为怀孕女性；项目面向的地域仅限上海。一开始这个项目的外部流量引入和内部流量裂变措施如下。

外部流量引入，一是靠广告的投放，二是进行合作互推，但是策划好这两种方案，在实践之后，都没有成功地引流。其原因是广告投放的成本较高，互推合作没有经验和合适的合作伙伴。

积攒少量的用户，开始内部裂变，有三种方案：一是服务号的积累，二是个人号积累用户，三是社群积累用户。但成效也不算很好，原因是：服务号的内容输出不成功，阅读量少；个人号积累的用户随着时间的不断推移，有些孕妈已经生完孩子，也就不再是目标用户，用户数量不断减少；已有的社群用户主要用来做转化，不能为本次获取用户提供帮助。

想要改变惨淡的营销现状，如何做呢？就要回到上面提到的两个关键点：持续、稳定。

经过成功人士的建议，在现有的限制条件下，这个项目做出了一些改变。

首先，进行市场调查。因为本次案例有地域的限制，营销人士给出的建议是先在网上寻找上海市新生儿的往年数据，然后推断目标用户的市场规模。

经过调查发现，虽然推行了二胎甚至三胎政策，但新生儿出生率不增反降。判断市场规模后，再决定如何引入流量，尽量合理配置精力和时间。

接下来，还需要针对目标用户做用户调查研究，一般常用的研究方法是定性与定量方法相结合。定性研究主要进行用户的抽样调查、情景访问等，而定量研究主要进行问卷调查和分析等。

经过一系列的调整，终于成功引入了一定规模的流量，达成了目标，所以要进行深入分析，才能够实现裂变的目的。

7.5 周期：不同裂变规模需要的时间

不同规模的裂变周期是不同的。裂变的时间长短也影响着裂变流程的开展和推进。一般来说，社群的裂变需要快、准、稳。

稳健增长且周期短，是社群快速裂变的特点。

高频率是指裂变持续的时间很短，一般一场裂变活动的周期是 2～3 天，偶尔是 5 天，最长为一周，速度非常快，收割一波流量就停止。

想达到"快"这一点，就要认识到社群裂变的核心为老用户带新用户。在裂变初期，裂变活动的启动依附于种子用户，也就是第一渠道的传播，依靠老用户的信赖吸引新用户加入，然后层层裂变，这个速度是非常快的，因为新加入的每一个人都将成为传播源。

裂变要想"稳"，就要对抗微信被封号的危险。另外，快速裂变还要兼顾成本，控制成本很重要。

这些因素都关乎裂变周期的进展。

短周期、几千人的大规模裂变一个月即可完成。我们认为，营销需要缩短裂变的周期。为什么这样说呢？一是因为这能够更好地吸引用户，这时候用户对我们的营销是最感兴趣的，所以要抓住关键时期；二是因为裂变周期短能够保持用户的活跃度，如果太过拖沓，任何人都会失去耐心；三是因为这有利于快速培养用户习惯，也有利于建立群规。

运营其实是一件非常紧凑的事情，需要运营者有较强的精力和较长的时间。如果搞裂变的时间过长，则会挤压其余环节的时间。比如进行用户分类，用户分类能够实现精准对接，实现高质量的服务，创造出更高的价值。再如互动成本的把控，快速裂变可节约互动成本，如果裂变周期长，则会增加互动成本。

7.6 冷启动：裂变活动开始前的三件事和十要素

7.6.1 三件事

在裂变过程中，一般会出现三种情况：第一，一小部分人能给你拉来很多人；第二，大部分人能给你拉人，但是数量很少；第三，有些人不参与裂变活动。假如你运气不好，裂变活动遇到了这三种情况，那么你的活动注定要失败。许多人了解了裂变的过程，把握裂变的要素，但仍然很难做成功。究其原因是裂变前没有做好三件事。到底是哪三件事容易被忽略？

1. 进行分类定位

在实施裂变活动前，首先要对微信朋友圈里的好友进行分类定位。可以进行标签记录，比如这个用户参与活动比较积极，按照亲密的程度可以给用户打 A 级、B 级、C 级等。这样可以根据标签精准地私聊用户，既节省时间和精力，又精准对接了客户。所以，分类定位是裂变活动前非常重要的一个环节，不可忽视。

2. 注意启动时间

其次，裂变前需要注意裂变活动的启动时间。分析目标客户群体的特征，客户的信息越多越好。根据客户的年龄、性别和职业，可以分析出客户的时间占比。客户的灵活时间是非常珍贵的，这是进行营销最好的时间。比如中年带娃妇女，一般周末时间不多，她们通常会在周末多陪伴孩子。找准时间范围很重要，但这常常被忽略。

3. 注意用户基础

最后，裂变之前需要积攒一定数量的用户，要不然做不成裂变。如果之前只有十几个人，就不能盲目地展开裂变环节，达到一定规模之后的裂变才有意义。

另外，要说一下"冷启动"这个概念，冷启动是一个冷门的概念，很多人都没有听说过。

7.6.2　十要素

一个项目周期可以分为以下几个时期：冷启动期、成长期、成熟期、衰退期。冷启动期是指从项目确立到项目上线再到快速成长前的这段时期。冷启动是从零开始的阶段，所以这个阶段需要克服很多困难，这就是为什么我们说裂变之前的准备是很重要的。这个阶段的困难源于一切都在摸索，客户基础也不是那么雄厚。很多营销项目在这个阶段已经开始溃败。接下来笔者来聊聊冷启动需要具备的十个要素。

1. 产品

先有产品后有宣传，产品本身就是冷启动的第一步，所以做好产品才是关键。

2. 方法

虽然目前线上宣传占比较大，冷启动的方法却不只有线上这一种方式，也可以是线下，这需要根据宣传的规模以及产品的特质进行选择。

3. 战略

战略的提出是为了更好地实现冷启动，怎样进行初始流量的增长，看战略打得响不响，好的战略需要好的活动帮衬，所以宣传者要精心设计活动方案。

4. 渠道

这里的渠道指的是推广渠道。自己打造渠道输出内容是一部分，但是在最初，完全靠自己拉动还是很辛苦的。适当地借助一些有经验的官方宣传渠道，效果会更好一些，但是相应地也会需要一些支出。

5. 时间

前文说到了裂变的时间很重要，同样，前期的时间安排也很重要，即在恰当的时间点做恰当的事情。

6. 引导

引导就是引导用户参与活动，需要注意的是不能做虚假宣传，更不能以诱导欺骗的方式进行引导。

7. 传播

产品自身的卖点就是一种传播，自身优势可以广为流传，自传播的影响力远远大于宣传引导。

8. 成本

前期冷启动需要一定的成本加持。显性的成本是资金、人力、物品等，隐性的成本是时间、脑力等。

9. 不可控因素

不可控因素在任何事情上都有可能发生，所以在前期活动中必须考虑到。一般的应对方法就是制订第二计划甚至第三计划。有时候也会出现黑天鹅事件，即那些意想不到的会使品牌遭受损失的现象。比如活动宣传流量增长时，技术问题导致无法再继续加人访问。

10. 常规因素

要知道，每个宣传渠道都有自己的规则，一旦触犯这些规则，就会影响引流的效果，而且会一直影响下去，所以要谨记这些一般应该了解的规则。

7.7　实施：三种裂变方法

近来，微信群的裂变方法层出不穷，其大体分为三种方法。

一是强制型裂变。一般群裂变就是按照强制性传播手段实施的。实施这种裂变有两个前提：一是有准确的用户需求，二是有设计可操作性强的转发命令。为了保证用户确实已经转发，商家往往会采用审核截图的形式。刚开始没有系统检测的方法，只能依靠人工审核，因而运营压力很大，所以可以利用信息差来减轻压力，比如谎称有机器审核，或设置图片回复等。

二是冲动型裂变。这种裂变基本上靠引起用户的好奇心或者渲染情绪来实现，最典型的案例就是公众号文章转发。当前是节奏较快的时代，人们做事的节奏很迅速。筛选信息也是如此，所以成功的公众号文章一般需要一个劲爆的标题来吸引人们的注意，好的标题一定能激发人们的好奇心并感染情绪。

三是奖励型裂变。这种裂变就是给予用户价值加上物质的刺激，此逻辑可以解释目前较为流行的裂变方式，比如分销、拼团、砍价等，甚至包括被动转发。这种裂变能引发传播的原因有两个：一是价值促使传播启动，二是实际物质奖励激发更强烈的传播。

首先，价值和需求其实很像，但又不一样。需求是用户本身就需要的，而价值是用户不一定需要的。价值能激发欲望，所以产品价值足够大，有足以让用户期待和获益的地方，是激发奖励型裂变的基本要求，否则就不会有效果。其次，价值保证了传播的初始动力，物质激励则给传播带来了非常大的加速度。

就物质激励而言，方式有很多，比如给予较大的优惠额度、较低的成本付出。拼团、砍价等裂变方式，就属于基于优惠力度大的物质激励方式。

目前最有效的奖励型裂变措施是给予适当比例的返现，像分销裂变就是利用高比例返现进行有效的传播激励，造就了网易、新世相、三联生活周刊等知识付费品牌的刷屏案例。

有一点需要注意，基于物质激励的传播逻辑，不一定能得到好口碑，反而更容易造成反向宣传，而且是集中爆发，所以在使用时需要慎重。

7.8　宣发：推广助增裂变的关键环节

宣发是推广助增裂变的关键环节。好的宣发经验可以帮助人们少走弯路。以下是一个宣发的方案设计。

1 月 15—16 日：网易云课堂渠道、合作方 KOL 微信朋友圈转发各自的海报（分销二维码）。

1 月 16—23 日：网易云课堂渠道、合作方公众号推送课程软文（分销链接）。

原价：199 元。

上线价格：39.9 元（1 月 23 日 20:00 恢复 199 元）。

预计付费转化率：23.5%。

这个宣发方案运用了很多技巧，比如宣传金额的奖励和价格优惠限制。目前，除了网易云课堂和微信公众号，抖音也逐渐成了各个项目做宣发的优质平台。因为抖音的流量在逐渐增大，并且未来的流量不错。

在宣发过程中，内容很重要，平台同样很重要。宣发阶段很考验运营人的行动能力，必须紧锣密鼓地进行，才能为裂变提供良好的条件。

7.9　合作方：多种合作方式配合，激发裂变

除了自己开发渠道，还需要外部渠道进行宣传，那就是与第三方进行合作，下面是不同合作方式的设计案例。

（1）一级分销获得 60% 的收益，二级分销获得 30% 的收益。

示例：

你推广了海报或链接（假定价格为 39 元），B 购买了，你将获得 23.4 元（39×60% ＝ 23.4 元）；

B 分享出去，C 购买了，则 B 将获得 23.4 元，你将获得 11.7 元（39×30% ＝ 11.7 元）；

C 再分享出去，D 购买了，则 C 将获得 23.4 元，B 将获得 11.7 元；

D 再分享出去，F 购买了，则 D 将获得 23.4 元，C 将获得 11.7 元。以此类推。

（2）战队分销比赛。

比赛考核：微信群内队长＋队员分销。以"网易运营方法论"课程的综合收入（包括一级、二级分销收入）作为比赛的数据。

比赛时间：2018-01-16 20:00 至 2018-01-26 24:00。

规则：比赛期间，每天 10:00 会公布昨日累计各战队收入排名数据。1 月 27 日的 00:00—00:30 公布最终比赛成绩并发放奖金。分销最多的队伍，第一名获得 10000 元现金奖励，第二名获得 5000 元现金奖励，第三名获得 3000 元现金奖励。

（3）落地页中放 logo 和一句话介绍（预计全网曝光量为 30 万）。

（4）直播间第一天开课时，管理员发"各平台一句话介绍"文字。

（5）每家合作伙伴可提供 100 个免费名额用于涨粉传播（以"你帮我转发海报，我请你的粉丝听课"为噱头）。

从案例中可以看出：它的第一条合作方式是分销的模式，具有一定的激励作用，并且开始形成裂变的态势；第二条是比赛的模式，很好地调动了合作方的积极性，并且有较高额度的奖金吸引人们参加，无形中增加了品牌方的知名度，赚取了流量；第三条和第四条分别用宣传 logo 和直播间进行宣发；第五条较有创意，为其添加了一定的噱头以吸引流量。假如这五种方式连环配合，就形成了比较精准的设计方案，提高了裂变的速度，但是也需要更多的物力、人力去实现目标。

7.10　总结 + 本章综合案例

　　裂变是营销中的重要环节。要实现裂变需要做好前期准备，我们需要了解前期准备中容易被忽视的三大要素：一是需要进行分类定位，二是需要注意启动时间，三是需要注意用户基数。另外，我们还需要知道冷启动的概念，把握冷启动的三件事和十要素。

　　在裂变期间，需要了解裂变能够获得成功的原理，进而从根本上去设计合理的方案，同时还需要知道病毒式裂变的三要素，分析裂变的成功案例，熟悉裂变流程，懂得裂变机制。控制裂变的周期也非常重要，且裂变过程中怎样实现快速增长，是有技巧的，本章也列出了三种裂变方法。

　　当然，裂变是随着时代的改变而改变的。营销宣发也需要更多的创新创意来吸引流量。在准确找到客户需求与痛点的同时，能够较好地分配资源，分阶段推进一系列营销的流程也很重要。

　　下面借一个小吃店的综合案例进行裂变分析。

　　第一步是进行渠道宣发。广告的印制宣传点应该结合微信、微信朋友圈进行推送，或线下户外开展扫码进群领优惠活动。

　　第二步是进行群内的促活。有两种方式：（1）在群内主动提到新用户，使用专业的话术与用户互动；（2）发群内红包，吸引客户长期活跃在群内，且吸引群员进行群分享。

　　第三步是进行裂变循环。不停地有用户传播，达到一定量后在群内发截图，吸引新用户加入，并且在群内做满 20 元减 5 元的优惠活动。

　　裂变成功最核心的要素就是能够快速实践，快速实践并成功裂变意味着精准对接用户，对用户有足够的吸引力。社群裂变的中心就是老用户带新用户。在裂变的初期，裂变活动的启动依附于种子用户也就是第一渠道的传播，依靠老用户的信任背书吸引新的用户加入，然后层层裂变，这个速度是非常快的，因为新加入的每一个人都将成为你的传播源。需要注意的是，在创新创意宣发的同时，不要过分追求裂变玩法，且要简化规则，让客户理解参与的条件，才能更好地调动人们的积极性。如果营销方案更适合以线下的方式进行，则需要有很强的沟通能力，但是一般都采用线上与线上相结合的方式，所以贯彻裂变过程的时间分配是很重要的。不要忘记，在裂变的过程中，设计方案的由来，应该有充足的调查和预测，这就需要经过定性和定量的分析。

　　裂变是一门值得好好学习的科目。关于裂变，不同的人会研究出不同的方法，获得不同的感悟，但是其核心内容是不会变的，要以促使裂变成功的要素为依托，进行项目的计划和实施。读懂裂变，流量将不需要花钱获取。

第 8 章

社群品牌：用社群打造优质个人品牌

个人品牌有多重要？个人品牌的价值是不可估量的。现代社会，个人品牌已经成为各个企业不可或缺的、需要竭力建设的东西，因为有了个人品牌就有了向社会传输价值的能力。那么如何打造个人品牌呢？实践证明，通过社群更容易打造价值百万的个人品牌。

8.1 原理：社群背后的三大效应

在互联网时代，社群已经成为常态，国内的营销环境是有利于打造社群的。在社群的背后隐藏着三大效应：鱼群效应、弱关系原理、从众效应，这三大效应正是社群营销获得成功的内在因素。通过对这三大效应内涵的分析，我们可以清楚地了解社群背后的原理。

8.1.1 鱼群效应

这一说法的灵感来源于海洋中成群游动的鱼，鱼群纷乱但是有序。鱼群效应是对一种群体行为的研究，群代表着统一的集体以及较多的个体，鱼群是混乱但有序的，满足有序统一才符合群这一概念。梦饷集团联合创始人兼CEO冷静说："社群电商平台上，每个店主都是小小的一条鱼，但是数百万店主在一起的'鱼群'能量则非常强，通过这些店主的超百万社群，在短时间内可触达数亿消费者，电商一端连接上万个优质品牌，另一端连接超过数百万店主，展现出鱼群强大的爆发力。例如，在短短 48 小时内海澜之家在梦饷平台上创造了 3600 万元的销售奇迹，良品铺子上线 15 小时实付金额突破 1500 万元。"这也证明了社区电商的魅力所在。

8.1.2　弱关系理论

什么是弱关系？弱关系可以和强关系对应来看。强关系是联系密切的、沟通频繁的、深入了解的关系，那么弱关系与之相反，是不经常联系、不密切的关系。那么弱关系理论说的是什么呢？社会学家格兰诺维特给出了一个解释："在获取新信息的时候，弱关系比强关系更有效。"得出这一结论有两个理由：一是强关系因为经常交流，导致互相传播的信息同质化严重，而弱关系获取的信息大部分是全新的，它打破了强关系形成的信息壁垒；二是根据二八法则，20% 是强关系，80% 是弱关系，弱关系从数量上就占有优势。

不过，有的创业者过于吹捧弱关系理论，要知道在互联网时代，传统的弱关系不足以支撑电商社群和个人品牌社群的发展。

8.1.3　从众效应

从众效应是人们在社群中表现比较突出的一种心理。许多社群也会着重培养从众行为，当使用一样事物成为习惯，就很难改变，进而这种习惯也会潜移默化地影响你的心理。从众行为很常见，人们容易形成社群，往往是因为在群体中人们会感到安全，另外，人都是趋利避害的，群体更容易规避伤害。

社群中把握从众心理也是一大学问。如何触发从众心理？这需要进行一系列问题的思考。首先，产品的选择是否相互参考和影响，如果答案是肯定，就继续思考谁或者哪一部分人群对周围人群的影响力最大。这就是我们常说的 KOL 的概念。例如，在小米这个社群，是最开始的那部分 MIUI 玩家带动了整个"米粉"团体的热情和追捧。接下来继续思考：怎样利用意见领袖的专业影响力来触发新的从众行为？这一系列问题的思考最终都是为了更好地利用从众心理获取人们的热爱和追捧。

8.2　差别：关于品牌 IP 化和 IP 品牌化的区别

如果说品牌是你的脸，通过品牌能让别人记住你，那么 IP 就是你的手，它能主动与别人建立联系。关于品牌 IP 化和 IP 品牌化，我们要了解它们之间的联系和区别。

品牌化是指将社群当作一个品牌来运营，其目的是获得辨识度和可信度；IP 化是指在社群中融入 IP 属性，进而使社群变得有温度、人性化，其目的是获得亲和力和辨识度。

有人说，未来的品牌都将会 IP 化，而 IP 也一定会品牌化。这一说法不无道理。在新兴事物不断迸发的今天，IP 化这一模式可能是未来最具潜力的道路，未来的品牌随着发展的大势都将 IP 化。同样，在如今这个时代浪潮中，品牌化一定是不可少的，IP 能够有效地转化品牌也是一种趋势。

8.2.1　IP 的含义

IP 是什么呢？很多人对于 IP 的认识还停留在"IP 是网络地址"上，其实商业 IP 早已经包含了更多的含义。笔者理解的 IP 或者说在品牌化 IP 的过程中，IP 是一种流量入口。好的 IP 其影响力辐射得远且强，能够吸引高质量的流量。

那么 IP 是什么呢？想一想当我们在谈论"米老鼠"时，谈论的只是那只大耳朵老鼠吗？当我们谈论"孙悟空"时，想说的只是一只猴子吗？一个 IP 如果没有故事来承载，那就只能是一个符号、一个 logo。

比如，老罗（罗永浩）IP 的传奇一定是靠他的个人故事，而不是刻意的外在包装。

8.2.2　IP 价值的体现

IP 的价值体现在五个方面。

第一，IP 是一种知识产权，它是受法律保护的合法权益。

第二，打造的 IP 可以是虚拟形象，如各种动画 IP 等。

第三，可以是小说或者影视剧的载体。

第四，可以是品牌和名人。

第五，IP 具有稀缺性的特点，如品牌的联名款、星巴克的猫爪杯等。

品牌 IP 化是为了打开用户心理的入口，让用户对品牌留下深刻的印象。品牌 IP 化是否成功很好辨别，当品牌名成为专名，它就实现了 IP 化的成功，如"好莱坞"就是一个很大的 IP。

8.2.3　IP 打造的三个层面

品牌的 IP 化打造需要一个完整精密的流程，这并不是一件简单的事。我们将它分为三个层面。

第一个层面是价值原点。这是流程中最重要的一部分。品牌需要找到自己的价值原点，才能体现品牌的使命和价值观，通过主动展现价值原点可以扩大影响力。比如苹果手机的口号是"不同凡响"，这就是它的价值原点；阿里巴巴的口号是"让天下没有难做的生意"，这就是它的价值原点；小米手机的口号是"高颜值、高品质、高性价比"，这就是它的价值原点。价值原点可以看作企业的最初追求和使命。

第二个层面就是强化标签。标签的作用不言而喻，在这个时代，标签化越来越普遍。标签对于品牌来说就是引爆点，强化标签是通过社交媒体传播引爆 IP 的行为。强化标签可以理解为坚持打造，如苹果的初心是"不同凡响"，它始终围绕科技创新去做产品。再如，阿里巴巴要构建未来的商务生态系统，一直在做"商务生态"的事情，其他产品都是围绕着商务生态去做的。

第三个层面就是高频率记忆。要知道，品牌 IP 化最重要的是被人记住。无论你的品牌内涵多么丰富，都需要一个具有高度代表性的形象，就像每个人都有属于他本身的最明显的标签，但是一般人与人第一次会面，最重要的标签就是外在。高频率记忆同理，一个品牌一定要提炼出让人过目不忘的超级符号，一般是指代表企业形象的 logo。logo 无论是企业还是组织都会有，logo 的作用很大，而且无处不在。优秀的 logo 让人容易记住且印象深刻。例如，苹果的 logo 是被咬了一口的苹果，是常见与反常的结合，如果只是苹果就是很常见的东西，没有新意，但是被咬了一口的苹果更容易让人印象深刻，苹果的 logo 意义在于它要效仿牛顿致力于科技创新。

8.3　目标：如何做社群实战专家

经常有人问笔者，为什么有的人做社群做了 3 年甚至 5 年仍然平平无奇，但是有的人做了一年不到就成绩斐然？差距到底在哪里呢？这背后反映出了大家对自己所在的行业的模块不清晰，对自己的职业规划不够明确的问题。想要打造好社群，成为一名实战专家，做好以下六个步骤即可。

8.3.1　寻找目标用户

寻找用户并不需要广撒网，这样反而会导致效率不高。要有针对性地根据自己的产品寻找目标用户。比如拼多多，一开始就明确自己要打造什么样的产品、要吸引什么样的人群，在此基础上，拼多多才能有针对性地造势，打造自己的玩法，将一切形式都规配得妥当一些。

8.3.2　寻找用户喜欢的话题

想要保持社群的长效意义，有共同的话题领域才是关键，这也是一开始社群形成的敲门砖。

比如母婴产品的话题就是母婴养护。群话题可以通过公众号、微博等社交媒体平台等各种方式进行传播，从而吸引流量。我国的电商领域或者媒体传播领域是极为复杂的，网络营销玩法也非常复杂。元气森林以零卡零脂打出了名号，我们可以说元气森林是通过制造共同话题抓住了大众喜好。

8.3.3　做高质量的连贯内容

　　长效吸引客户留下来的一定是持续高质量内容输出的巩固，而且内容要保持一定的垂直性，就像高考作文不能写偏题一样。做什么产品就需要根据其最先规划好的定位来展开，比如做科技创新的苹果手机，需要在原有基础上不断地创新、更新、换代，不可能做老年机。

　　多注重产品的研发，产品的内涵有了，内容的传播就有了。绝大多数商户建立社群就是为了卖某一品类的产品，他们不是生产创新的厂商，在产品上不具备话语权，因此内容输出就显得至关重要。比如卖茶叶，可以对相关的品赏类知识进行传播，以吸引客户，那么持续不断地输出茶文化，就是保证客户不流失的手段之一。

8.3.4　打造形象

　　可以提前在社交媒体上打造自己的形象。说到打造形象，就要和"信任"等词挂钩要让消费者信任，才能更好地刺激消费。个人 IP 的信誉度评分较好，人们就愿意相信这个人，愿意做出消费举动。另外，就是产品形象，作为品牌形象主体的产品，自身的形象很重要。如果一个知名的博主推荐了一款产品，不仅为产品带来了流量，也无形中为产品增加了信誉度和好感值。

　　打造形象要从信誉度、功效、诚信等入手，抓住用户的心理是很重要的，其中的玩法很多，这里介绍两个：一是上一段话说的推荐机制，就是利用人们愿意相信权威和强关系人的推荐的心理；二是风评的管控，主动宣传自己的诚信力和产品功能，使社群形象更加完美。

近几年，化妆品行业的跟风现象很常见。尽管不是每个人都是医学博士，但我们可以看到很多博主在宣传化妆品时，都在向产品成分、检测方面靠拢，有一部分确实做好了功课，但是大部分只是在鱼目混珠，所以专业度是提升信誉的一个重要因素。

8.3.5　媒体引流

在固定时间节点通过媒体引流到社群里分享干货，引流进入社群后，基本上整个营销流程就算过半了。以前爆火的引流主要是通过微信公众号引流到微信群里，如今越来越多的平台的出现、越来越多的群层的出现，已经打破了这样的格局。

无论在哪个平台，引流都是让用户加入一个群体。如今抖音的引流模式逐渐成形，抖音平台不仅吸引了一波明星加入直播带货，赚足了眼球，更是活跃了圈层。我们从中可以看到加粉丝团赢福袋的规则，这是一个简单而又吸引人的玩法，人们只要点点手指就能参与，参与门槛低，娱乐性比较强。

当然，也有好多人并不吃这一套，认为所谓的福利奖赏只是噱头。但是总体来说，抖音打造了快速吸引社群流量的方式，以往只能通过慢慢地输出内容来吸引流量，但是抖音一场直播就可能吸引成千上万的人涌入社群。

笔者将其比喻为内敛和直接的改变。从以前绕弯式地引流，到现在更加有效、直接的方式，当然这可能也说明有的直播间摒弃了高质量的内容，这在明星直播间中表现最为明显。因为优质博主大多是靠高质量的短视频内容积累信誉度，比如美食博主卖的美食你更愿意买，而明星带货是靠明星光环和信誉度来实现的。

8.3.6　定位高质量用户

在初步吸引流量的阶段，用户来源可能千差万别，真正有价值的是有痛点且愿意付费的用户，所以寻找精准用户是很重要的。许多社群会设置门槛来提高群员的质量，这让接下来的营销工作能更好地实施。抖音以粉丝级别来区分用户质量。作为一个全民都能参与的平台，平台民众要想入门做营销说简单也简单，说难也难。在抖音平台，可以看出消费者与营销者之间的界限正在不断地模糊。比如一个大 V 的头号粉丝同样能获得不少流量，消费者和营销者之间更像一种能够相互获利或者说相互转化的关系。

8.4　准备：如何做好用户画像

什么是用户画像？搭建用户画像有什么作用？难道只需要十几个用户标签吗？经常出现的情况是，这些标签打是打了，在实际工作中却没起到什么作用。接下来介绍关于用户画像的内容，在帮你了解用户画像概念的同时，告诉你具体应该怎么做。所谓的"用户画像"可以理解为"用户角色"，作为一种勾勒目标用户画像、发掘用户诉求的有效工具，它在各个领域得到了广泛应用。

我们也可以对这句话进行另一种解读，那就是，用户画像反映的是一个真实群体在使用某一个产品时的普遍表现。

8.4.1　两步做好用户画像

第一步，提炼用户标签，并用故事描述用户画像。标签可以从三个方面展开：一是固定属性，如用户年龄、性别、学历等常规且固定的属性；二是用户路径，即用户的互联网浏览喜好，包括打开频率较高的社交软件、常用的搜索网站、习惯购物的平台等；三是用户场景，用户在某些特定场合或特定时间的动作，包括在早上起床、上下班路上、晚上睡前等场景内，用户如何学习、如何娱乐等。

需要注意的是，用户标签只是用户画像的中间过程，呈现的只是用户画像的基本轮廓，而不是最终的画像结果。

第二步，新媒体运营者需要在用户标签的基础上做画像描述，以呈现完整的用户特征。此外，还应该绕开画像误区，目的是防止从源头上出错。

8.4.2　三种做用户画像的方法

（1）提问式画像。采用问答的形式获取用户信息，勾勒目标用户形象。此方法看起来完全围绕用户，且得到的都是用户的真实信息，但实际上用户画像极有可能会出现导向性问题。提问者的问题选项若带有某种倾向性或过于封闭，那么回答者的回复将受到限制。

（2）大数据画像。通过百度指数等互联网公司的大数据来挖掘目标用户属性，得出目标用户的属性画像。需要注意的是，大数据画像只对一部分企业适用，对于非生产数据的企业，通常不能直接使用大数据来进行画像。例如，百度公司可以利用百度指数分析网民对于科普的搜索热度，构建出网民的科普搜索喜好，而美容美发沙龙就很难获得相关数据。

大数据不具备完整维度，行业大数据不代表企业大数据，所以新媒体运营者需要根据企业的实际情况，决定是否使用大数据来做用户画像。

（3）代入式画像。新媒体运营者对自己或团队的日常行为进行系统分析，比如可以研究自己的上网时间、浏览偏好、常用软件等，尝试提炼自己或团队的普遍特征并将其代入目标用户特征中，进行用户属性画像。这里最大的问题就是新媒体运营者不等于用户，代入式最终得到的只是运营者自身的画像，而非用户画像。

8.5　素材：用故事加持个人影响力

打造个人影响力，打造 IP，形成一个群乃至一个圈层，都需要精神的加持。这种精神的传递形式绝不仅仅是喊口号那么简单，故事更能够引起人们的共鸣。把故事讲好了，对于自身的价值体现是很有帮助的，对于一些企业来说也是构建企业文化和企业信誉的重要步骤。

8.5.1　讲故事的技巧

故事讲授是有技巧的，一般有六种类型。

（1）告诉别人"我是谁"的故事。

（2）让别人知道"我从何而来"的故事。

（3）能够提供远大愿景的故事。

（4）能够给人带来智慧的故事。

（5）能够给人提供价值的故事。

（6）告诉听众"我知道你在想什么"的故事。

成功的个人故事其实很多，无论是国内还是国外，每个成功的创始人都会宣传他的故事。比如肯德基，品牌形象是肯德基老爷爷，原型就是肯德基的创始人哈兰上校，故事内容就是创始人的 1009 次失败经历，向人们讲述的就是第五种能够给人提供价值的故事，传达的是一种为理想坚持不懈的价值观。

8.5.2　讲故事的成功案例

国外有肯德基的个人 IP 打造，国内同样有声名鹊起的老干妈品牌。老干妈的形象在瓶身上呈现，加深了消费者对于品牌背后故事内涵的印象。老干妈创始人陶华碧因为能做出一手好吃的辣椒油并且懂得思考才把产品做了起来。同时，她拥有一颗认真做产品的心，所以老干妈产品能够长红，这属于提供价值的故事，也属于带来智慧的故事。

愿景类的故事一般是企业家坚守能够提供更好的服务的故事，或者关于远大理想的故事，一般适用于具有创新性质且迭代较快的产品、行业。例如，马斯克本身是一位为全人类愿景服务的企业家，最大的梦想是探索月球、建立家园，是比较大的愿景。

SpaceX（太空探索技术公司）成功发射了目前世界上最强大的现役运载火箭——"猎鹰重型"火箭，这很振奋人心。为什么这么说呢？因为这次发射的成功实属来之不易，前几次实验都失败了，这次人们也是在没有把握的情况下观赏这一盛况，这次发射对于技术等各领域均有所贡献，其价值是巨大的。马斯克不为财富只为实现人类理想和未来愿景的故事，有利于马斯克旗下的股份价值的增长，这就是故事的力量。许多人因此而将马斯克奉为自己的偶像，这是一个证明了品牌背后的文化精神力量重要性的很好的案例，品牌的衍生价值也得到了很好的体现，产品除了成本外就是品牌价值为其增值。

故事的成功打造，可以带来价值外溢，对于品牌整体来说是有益无害的。

8.6 架构：让社群进入系统化管理

让社群进入系统化管理是必然的阶段，这一阶段的管理方法有SOP 管理，但就系统化来说是十分复杂的，系统化又是战略规划。社群构建框架规划的模块都是十分复杂的，比如生命周期管理等。

8.6.1 系统化的重要性

系统化可以理解为小作坊变为大工厂，其带来的改变是完整的流水线、管理机制和组织形式的制定等。社群进入系统化管理代表着社群运营更加科学和规范，有利于良好的社群生态的打造。

很多人都认为社群营销是未来的大趋势，但是他们不懂得如何进行社群的系统化设置。其实，社群营销中系统化运营的根本在于，对以用户为核心的营销场景的塑造和社群化的组织。

8.6.2　塑造营销场景的四大形式

营销场景的塑造有四大形式。

1. 对传播场景的塑造

以产品体验来替代一般广告，简单且直接地让消费者持续对产品进行体验，这将是以后产品获得口碑及影响用户购买决策的重要方式。随着互联网环境的变迁，传统硬广告对用户的影响力逐渐减弱，并且高额的广告费也成为传统企业的巨大包袱。例如，和君在众多的酒企服务中有一项重要工作，就是通过规模化转发销售信息和免费赠饮，迅速提升用户对产品的认知，以此来聚拢庞大的用户群体，使产品在获得大量曝光的同时，让用户对产品有更为直接的了解，让产品迅速进入消费者的购买决策，从而将原有的硬广告替换为真实而有温度的产品体验，不只节省了大量广告成本，还收获了产品传播与消费者公关的双重价值。

2. 对社群销售场景的塑造

自媒体逐渐成为沉淀消费者的平台，让社群化内容获得更广泛的传播。在移动互联网自媒体时代，人人都可以是自媒体，诸如微信、微博、QQ、抖音等社交平台的出现，让传播变得无处不在。大多数消费者都会在这些场景中扮演各自的角色，因此自媒体营销势必会成为未来所有企业和品牌的标配，以此来持续地沉淀并吸引目标用户，而真正能够被自媒体用户主动传播的，一定是符合目标群体需求和爱好的内容。用带有社群性质的内容来持续影响用户的购买决策，同时可以成为组织用户购买的入口和工具。

另外，社群用于销售场景的塑造，连接终端与消费者，并最终形成消费者分享。传统企业具备庞大且完善的销售网络，而移动互联网的最大价值是将传统渠道与用户进行无缝对接。例如，和君与众多酒企一起，针对区域市场的产品销售进行终端社区化工作——把城市按照居住的社区进行分块，按社区实际居住人口的购买力做好小区周围终端的合理布局，以社区为单位对产品进行推广，将微信群和自媒体变为消费者聚集的场域，通过活动把消费者引导至附近终端进行消费，利用奖励和游戏化的活动捆绑用户完成持续分享，最终形成了聚集人群—引导活动—终端动销—传播再次聚人的完整闭环。

3. 对产品场景的塑造

移动互联网的迅猛发展，对传统企业来说，意味着可以借助互联网营销工具来提升效率，这固然重要，但想要长久获得有价值的发展，好产品仍旧是唯一的核心，而互联网背景下的开放性、互动性和连接性给传统企业提供了绝佳的条件。如何让一款产品成为受人追捧的热门产品？笔者认为，热门产品塑造的关键是要将人进行产品化融入，产生新的基于产品的场景。

4. 对信任场景的塑造

销售产品和塑造品牌的终极目的是获得商业和用户的持续信任，传统营销中，获取用户信任的方式相对较为单一，要么是通过客情，要么是通过广告，而互联网时代，信息量呈爆炸式增长，获取信任的成本骤然增加。因此，品牌方获取信任的方式如果还不能进入与人有联系的场景中，获取用户信任的工作无疑是徒劳的。在当下以及未来的很长一段时间，用户信任的构建需要从以下三个方面进行：一是承诺可视化，二是信任背书 IP 化，三是场景故事化。

8.7 工具：社群运营常用的四款工具

提高社群的运营效率需要一些好用简单的工具。

第一款是群发工具，如 WeTool，这是一款功能比较强大的工具，主要功能是批量推送文字、链接、图片，不仅能极大地提高推广效率，清理"僵尸粉"，保证用户的质量，还能批量添加好友，还有固定的话术可以使用，且操作简单。

第二款是录制器，叫作按键精灵，WeTool 的缺点是容易因为微信修补漏洞而不能使用，而这款软件则不会。其原理是录制鼠标动作轨迹，也就是你在计算机上操作一遍推送消息的流程，工具会把你的动作路径录制下来，然后反复操作，相当于一个人坐在计算机前一直推送相同的消息。这类工具也较难操作。

第三款是建群宝，建群宝最有亮点的功能就是能够自动更换群二维码。微信限制满 100 人需要群主邀请才能拉人，建群宝可以在群满 100 人之后自动更换二维码，提高运营效率。

第四款是美化工具。海报制作工具有创客贴，它的用法简单，解决了营销方美工基础差、需求量大的问题。还有二维码的美化工具。有的人说二维码美化似乎没有什么必要，其实不然，每个二维码连接的通道都是独特的，打造独特的二维码就像塑造一个形象一样，让人对其有深刻的印象，促使人们了解产品或者 IP。

挑选好的工具能让社群营销事半功倍，如今互联网的发展、科技的飞腾，随着 5G 时代慢慢走进千家万户，笔者相信社群辅助工具会不断地迭代，工具的选择会更加重要。

8.8　效果：让个人品牌不断增值

树立个人品牌不容易，维护就成了需要重视的问题，个人品牌价值的不断增加就好像人们的工资需要不断上涨一样，增加美誉度带来的影响总是好的。那么如何才能让个人 IP 或者品牌不断增值，从而带来经济效益呢？

8.8.1　品牌增值的途径

我们知道文字的力量很强大，自媒体应该持续输出高质量内容，不断地为个人品牌增值带来支持。说起老干妈，都知道陶华碧，这是建立个人品牌赢得的知名度和信誉。人们不光应该知道陶华碧创建个人品牌的经历，更应该了解后续陶华碧对于其产品的态度和对于社会大众的态度。这就是延续的价值，好的故事传承好的精神，能够为个人品牌增值。

如今自媒体的展现方式和平台越来越多，文字当然是最基础、有必要的展现方式。除了文字，如何扩大影响力？让人们较容易接受的是短视频，各种媒体平台的暴露，迎合现代人的娱乐方式。比如蜜雪冰城开了自己专属的抖音号，创作了自己的蜜雪冰城歌曲，给自己添梗，甚至自我调侃。蜜雪冰城擅长激发年轻人的兴趣，懂得娱乐大众吸引流量，并且其对于企业本身的信誉、在外的名声是十分看重的，如蜜雪冰城对 2021 年河南水灾的捐款。鸿星尔克即使濒临破产仍然为灾区捐款，体现了一家良好企业承担社会责任的气度，因而赢得了广大民众的心。这些都是品牌价值增值的有效体现。

个人 IP 也是诚信信誉十分重要的体现，以传播正能量为核心，专注于自己的专业领域会更值得人尊重。在保证品牌增值潜力的前提下，我们再来做营销就会底气十足，从而能得到消费者或者用户的支持，更好地走下去。

8.8.2 品牌增值过程中的不确定因素

无论是个人 IP 还是企业 IP，总会遇到黑天鹅事件，无论这件事是不是自己有错，就算自己是正确的那一方，一旦卷入纷争，就会损伤名誉，所以一个好的公关团队是很重要的。很多社群和个人 IP 并不重视这一方面，甚至有些大企业的公关团队水平都很有限。

一个公关团队绝不可以随意拼凑，公关需要对新闻媒体、法律、社会情绪等都有所掌控，所以笔者更愿意称之为品牌的保险，它也能促进品牌增值。

8.9　影响力：如何用社群做企业品牌

企业作为一个更大的 IP，会受到更广泛的关注，因此更应该注重情感方面或者文化输出的东西，以增加企业本身的品牌理论和印象。企业在打造社群时更应该注重社群名称、logo、口号的设计，品牌足够响亮，才能在公众面前站得住脚。

8.9.1 亲民化

有的人说，企业做社群要不端着。不端着的企业更加贴合民众，更容易拉近与民众之间的距离，比如越来越多的企业开始打造 IP 化的卡通形象和虚拟人物形象。蜜雪冰城的雪宝形象就赢得了大批粉丝喜爱，使蜜雪冰城扩大了粉丝群体。

8.9.2 积极互动

有的人说，企业应该多互动，这也是很重要却往往会被遗忘的一点。通过互动活跃社群民众，产生来往的行为，才能抓住用户的感情，使企业价值得到延续。心理学中有一个概念，叫作归属感，归属感会让人产生安全感、依赖感，所以一旦企业建立起这种关系，消费者对企业会产生很深的信任，从而会产生更大的效应。

8.9.3 建设家园

建设家园就是将粉丝沉淀在自己的平台，这也是企业得以长青的要素之一。我们要知道社群做企业品牌并不是一朝一夕的事，需要不断付出努力。如今很多企业选择利用社群这个平台打造自己的品牌，比如拼多多、蜜雪冰城，这些品牌用社群将企业品牌做了起来。蜜雪冰城用歌曲与粉丝互动，引起很多人模仿，带动了蜜雪冰城的影响力，也让越来越多的人了解到蜜雪冰城这个品牌，塑造了自己的文化，成功抓住了绝大多数普通民众的心。

8.10　总结 + 本章案例

社群打造个人 IP 现在越来越火，一个社群既有力量，也十分难以管理。当社群发展到一定程度要进行系统化管理，才能沉淀高质量的用户。系统化管理代表着科学有效，使社群的影响力也可以发挥有效的作用。除了产品外，个人 IP 的文化力量很重要，随着新媒体的发展，无论是大企业 IP 或者个人 IP 都需要不断地塑造自己的 IP，塑造 IP 一是故事的呈现，接着就是升华到精神层面和社会责任层面。

一个好的 IP 一定是正能量的。本章案例就蜜雪冰城企业 IP 的打造来展开。蜜雪冰城的社群经济体现在媒体营销上，就是神曲的编制。神曲的火爆不无道理：一是符合大众的调性，同时符合品牌本身的属性；二是曲调欢快，充满正能量，易于传唱，所以蜜雪冰城神曲被传得到处都是。蜜雪冰城的大火也得益于它庞大的线下渠道优势，15000+ 的门店宣传神曲很容易。蜜雪冰城在比较年轻化的平台上宣传，也深度连接了年轻群体，而且品牌很清楚短视频的态势，抓住了传播机会，实现了社媒引爆。

第 9 章

社群活动：线上一年不如线下一面

过去，流量主要来自线下场景，到了社群营销的时代，线下场景同样重要。流量运营的本质就是对消费者的信任感和时间的占据，而线下真人互动一定是运营信任感的最佳场所。因此，所有的线上社群运营到比较成熟的阶段时都会走到线下，打造强关系。线上与用户建立关系，线下进一步加强关系，从线上到线下，进入现实中，进而与用户成为现实中的朋友。那么如何开展社群的线下活动呢？本章将会详细阐述。

9.1　如何策划线下活动

在移动互联网时代，成员在社群中的交流更为便捷，但是线上的交流或多或少都存在着一些隔阂和误解。为了让社群成员之间的交流更自然、更真诚，线下活动是必不可少的，那么如何策划一场成功的线下活动呢？有哪些需要注意的方面呢？

9.1.1　确定主题

一场成功的活动一定要有一个吸引人的主题，要么有趣，要么有价值。只要你的活动能够满足用户的需求，用户就愿意参加。那么如何找到用户的需求呢？

第一，直接询问。在日常跟用户的交流中，可以主动询问大家："平时都会参加什么类型的活动？""平时都在哪活动？""希望能从活动中收获什么？"以此了解用户的需求，并根据用户的需求确定相应的活动主题。

第二，发放调查问卷。有了社群后，可以直接通过发放问卷的方式收集用户的需求。

9.1.2 明确用户的空闲时间

只有在用户有空闲时，他们才能参与活动。因此，活动组织者要考虑好用户时间、嘉宾时间、节假日时间和场地使用时间等，综合考虑以上因素之后再确定活动开始的时间。另外，提示两点：最好安排在周五、周六或者周日下午；定日期之前，要关注天气预报，尽量避开恶劣天气，否则会影响活动效果。

9.1.3 确定场地

对于一场好的线下活动来说，场地的选择需要考虑以下几个方面。

（1）场地交通是否便利。

（2）环境是否安静。

（3）是否允许品牌 LOGO 露出和摆放易拉宝。

（4）场地内无线网络、麦克风和投影仪是否能使用。

（5）电源插座够不够用。

（6）温度是否舒适，空调是否正常运行。

（7）是否提供茶水和点心。

解决了以上问题，就找到了一个比较合适的场地。通常情况下，我们可以选择创业孵化基地或者闲置书店等。当然也有许多专门找活动场地的机构，搜索"代找场地业务"，就能在当地直接委托平台代办。

9.1.4　确定预算

通常情况下，好的活动都设置有奖励和伴手礼。比如在很多亲子类活动中，用户关注公众号就能获得活动方提供的带 logo 的小玩具，或者品牌方提供的产品小样、抽奖资格和当场报名课程的优惠条件。

活动组织者应该提前确定预算和赞助资源，考虑活动的目的，让活动尽量与目标相结合。如果是引流互动，那么奖品激励规则就应该和添加微信号相关；如果是为了转化，那么奖品可以设置为抵扣券或者赠送试听课，支持后续抵现。

9.1.5　确定人员

线下活动有个必不可少的岗位，就是现场人员，一场 30 人左右的小型活动，一般要有 3 ～ 5 人专门负责组织活动。

通常情况下，活动人员安排如下。

（1）现场前期搭建。

（2）活动现场维护：2 人。

（3）正式活动：主持人 1 人，协调 1 人。

（4）互动活动：主持人 1 人，奖品对接 1 人，现场秩序 1 人。

（5）后续跟进：产品或者服务介绍人员 1 ～ 3 人。

人员可以从参加活动的粉丝中选择，在通知活动的时候，一并询问是否可以成为志愿者。此外，还要考虑到人员和岗位的匹配度，比如安排性格活泼的人负责调动气氛，安排踏实稳重的人负责幕后工作。

9.1.6 线下活动运营清单

这里提供几个比较实用的运营清单。

（1）社群沙龙排期表，如表 9.1 所示。一个沙龙往往是群策群力的结果，团队在各环节紧密配合，有章法地执行任务，需要一个责任清晰的表格。

（2）沙龙签到表，如表 9.2 所示，用来登记到场客户信息，以便后期跟进。

（3）用户统计表，如表 9.3 所示，用来统计用户的需求信息，以便后期跟进。

（4）沙龙物料表，如表 9.4 所示，用来统筹物料信息。

表 9.1　社群沙龙排期表

项目	周六	周日	周一	……	负责人	备注
物料准备			1			物料清单
嘉宾邀约	1	1				三位老师
主题策划	1	1				提前 1 个月
微信朋友圈推广			1			报名
微信群推广			1			报名
公众号推广			1			报名
现场布置						预演
现场沙龙				1		沙龙流程
小聚会				1		AA 制
数据分析	1	1				复盘
线上传播	1	1	1	1		检测结点

表 9.2　沙龙签到表

序号	姓名	联系方式	报名方式	其他
1				
2				
3				
4				
5				

表 9.3　用户统计表

序号	姓名	联系方式	需求	资源
1				
2				
3				
4				
5				

表 9.4　沙龙物料表

大项目	序号	项目	数量	规格	单价	总额	说明	完成情况
展示类	1	条幅	2					
	2	易拉宝	2					
	3	DM 单	1000					
	4	背景写宝	2					
	5	投影仪	1					
形象类	6	二维码服装	200					
	7	形象站	500					
终端路	8	货架	2					
装饰类	9	果盘	20					
	10	装饰花草	20					

续表

大项目	序号	项目	数量	规格	单价	总额	说明	完成情况
物品类	11	证书	50					
	12	奖状	50					
	13	奖品书	100					
工具类	14	纸笔	100					
	15	纸杯	100					
推广费	16	微信	1					
总额								

9.2 如何进行线下活动预热

策划好活动之后，很多人会认为，有了好的活动，难道还怕做不出效果吗？事实上，任何活动想要有一个好的效果，都得提前宣传和预热。俗话说："酒香也怕巷子深。"想要做好线下活动的预热，可以从以下六个方面入手。

9.2.1 提前告知

预热最简单的方法就是提前告知，比如找到目标用户，通知其在哪一天会开展什么活动，尽可能让目标用户感兴趣，产生参与的欲望。具体来说，可以利用已有的社群资源，用海报或者公众号推文的方式，提前一周左右告知用户在什么时间会有一场什么样的活动。

9.2.2　营造火爆的氛围

活动火爆不仅局限于活动现场，在活动前也得营造氛围。因为用户总是喜欢凑热闹的，这源于从众心理。对于很多人都关注、讨论的活动，用户的参与感就会被调动起来，"围观"的心态会使越来越多的人参与到活动中。

另外，利用限时优惠、限量销售等方式不断制造紧张、刺激的氛围，更能促使用户积极参与。

9.2.3　私域预热

（1）利用自有私域资源预热。在自己的微信朋友圈、社群、App、官方网站、公众号的显著位置，提前发布活动海报进行宣传；在专题处或者网页的其他地方放上活动链接。

（2）鼓励社群成员、种子用户对活动产生兴趣后将之二次转发到微信朋友圈，提高曝光率。

9.2.4　外部资源联动

号召身边有影响力的大 V，或者有庞大粉丝群的 KOL，通过外部合作进行资源互换，或者以付费推广的方式，借助别人的平台展示自己的活动。需要注意的是，要契合目标用户，不看数量看质量，内容和定位相匹配是关键。

9.2.5　利用活动平台

关于活动,现在有一些非常流行的活动平台,如"活动行""互动吧""活动家""周末去哪儿"等,有些是小程序,有些有自己的 App。这些平台大部分都是免费发布活动的,要尽可能多地在各个平台发布活动。

9.2.6　垂直门户付费推广

垂直门户付费推广的常用平台分为三类,包括行业性门户(如36 氪、虎嗅网、中国建材网、中国资讯网)、地方性门户(如深圳万城网、城市中国地方门户联盟、青岛人、新浪河南、贵州生活网)、综合性门户网站(如新浪、网易、腾讯、百度、新华网、搜狐、人民网、凤凰网)。

此类网站都有广告宣传位,可以根据活动需要自行选择。

需要注意的是,预热的时间不宜过长,最好不要超过 10 天,通常来说,10 天以上是非常大型的发布会的预热时间,普通的活动提前 1 周左右,小型活动 3 天前开始预热就可以了。这里说的预热是对外的,对内通常提前 1 个月就应该开始着手准备了。

9.3　如何落地线下活动

一个好的策划方案在预热之后如何落地? 答案就是制定SOP。一场大型活动可能只需要一天来进行, 但是围绕这场活动的宣传周期通常会持续一个月，所以再好的方案如果不能落地，也是竹篮打水一场空。这一小节，笔者就讲讲大型活动是如何落地的。

9.3.1　流程确认

首先，各个环节要紧扣主题，不能跑题。不然用户会觉得并不是自己想要的，继而影响二次传播。一般来说，活动流程依次是开场、核心主题演讲和嘉宾分享。对于活动策划来说，一定要控制好各部分的时间，尽量紧凑，避免出现拖沓的情况。其次，活动一定要有主次之分，给重要环节预留较多的时间，次要环节严格控制时间，切勿喧宾夺主。

如何保证活动现场按照 SOP 进行呢？提前制定好流程表，在活动前进行反复预演。

9.3.2　嘉宾邀约

有些活动需要嘉宾到场助阵，重量级嘉宾能够给活动增色不少。用户感兴趣的嘉宾能让活动更有吸引力和传播性，甚至很多嘉宾自带流量，可能会给活动带来很好的引流效果。所以，嘉宾的邀请值得琢磨。特别提醒一下，针对嘉宾邀约一定要有 Plan B，以免出现特殊情况，例如，原定嘉宾不能到场而影响活动的进行，因此多联系几个嘉宾十分必要。

9.3.3 媒体邀约

除了嘉宾，媒体邀请也非常重要。其实，媒体并不是越多越好，而是最好约到大媒体。大媒体的稿件很容易被体量小的媒体转载，而且大媒体的流量比小媒体大很多，应该把预算集中起来请大媒体，而不是分散到几个小媒体。

9.4 如何做好产品促销的线下引流方案

虽然社群是线上化的场景，但是很多产品、教育机构、实体店可以将线下的渠道引流到线上持续运营。

9.4.1 选择合适的卖场

（1）人流量大，地理位置好，形象好。

（2）其定位及附近商圈的顾客群与促销产品的定位、目标消费群体一致。

前期先到看中的场地谈好，做前期的策划准备，进行场地布置，如广告视频、展架、宣传册、员工宣传服装（带微信号和产品标志）、礼品袋、赠品等。

9.4.2 有诱因的促销政策

（1）须师出有名。以节庆贺礼或新品上市的名义，减少变相降价促销带来的负面影响。

（2）做有效炒作。活动名需有吸引力，易于传播，赠品价值需抬高，可以限量赠送做催化。消费者总是买涨不买落，让潜在消费者在活动现场看到，堆放的赠品已经不多，而旁边的赠品空箱子倒是很多，这种"晚来一步就拿不到赠品"的感觉会大大提升用户的购买欲望。

（3）尽量不做同类型产品的搭赠（如"买二送一"），以免有降价抛货之嫌，结果不仅可能"打不到"目标消费者，反而"打中了"贪便宜、低收入的用户群体。

（4）可以使用成熟品牌来带动新品牌进行捆绑销售，但要注意两者的档次和定位必须在同一层级上。

（5）针对潜在消费者的促销政策需提供多种选择。比如买 1 盒产品送透明钥匙包 1 个，买 2 盒产品送荧光笔 1 支，买 5 盒产品送 T 恤 1 件等。

（6）限时限量原则。可以类比超市和商场的买赠、特价促销活动，在促销期间如果赠品和特价产品供货不足，就会面临被罚款、清场的危险，因此一定要注意在促销协议中标明"限时限量"。

（7）促销标价和内容。将促销价和原价同时标出，以示区别；尽可能减少文字描述，让用户能够在 3 秒之内看完全文，明白促销内容。

（8）标明限制条件，如"每人限购 5 盒""仅在周末促销""限量销售，售完为止""××日之前有效"等。

9.4.3　赠品选择原则

（1）尽量是新颖的日常用品，使用户能被产品新颖的造型和外观所吸引（避免选择用途不广泛的赠品，如魔方笔、登山刀）。

（2）形象高、价位低的产品，如挂表、计算器等价值感较强，但采购成本又较低的产品。

（3）最好可以加上文字，具备宣传意义，如围裙、T恤、水杯。

（4）符合目标用户群体的心理特点及品牌本身的定位。

（5）赠品价值要在产品价值的 5% ~ 20%，过低则没有促销效果，过高则会引起负面作用。

9.4.4　物料和人员安排

根据预估销量配备相应的物料，如产品宣传手册、礼品，根据所选场地的规模和促销期长短来预估销量，并准备相应的促销人员预算。

实质性的准备工作需要明确细分责任，落实到每一个具体的人，要规定好完成时间，避免某项具体工作出现疏漏而影响整体促销进程。

9.5　如何对线下活动进行有效的宣传

明星需要宣传和曝光，品牌活动也是如此。明星的宣传，有背后的公司和团队在做，虽然我们一开始可能没有成熟的公司和团队，但是做好以下几点，一样能让你的活动达到最有效的宣传效果。

9.5.1　提前准备好稿件

为了保证活动的宣传效果，考虑到当天的照片可能还需要做一些后期处理和筛选，所以文字内容一般都要提前准备好，这样照片处理好后就可以立马配文发布。

9.5.2　全平台集中发布

在活动结束的当天和第二天，公司的自媒体账号，如公众号、微信朋友圈、视频号、微博账号，必须将全部内容发布完毕。一定要集中发布，因为现在用户的注意力十分分散，只有集中才能有打爆的效果，以抢占用户的注意力。

9.5.2　引导用户进行口碑宣传

千万不要以为活动结束了就结束了，活动结束后的一个月都是宣传期。活动结束后，要及时跟社群用户沟通，引导用户在社群、微信朋友圈以及各大平台进行积极正向的活动反馈，利用用户的口碑宣传，形成二次传播。

9.6　如何利用线下活动增粉

如何利用线下活动增粉？这就要求运营人员能够掌握用户心理，然后采取有效措施，如设置奖励，让用户积极分享。同时，线下活动可以与线上活动相结合，促进引流。

线下活动分为付费活动和免费活动，活动不同，增粉方案自然也不同。

9.6.1　付费活动

现阶段市场上一般采用的增粉方案是分组或分销。

分组是指让用户邀请身边的朋友参加。一般采用早鸟票或两三人团队票来进行销售，让用户独立组团。

分销是指通过返还注册费促进注册用户进行分享的一种营销手段。另外，分销还可以让用户通过邀请渠道来获得佣金，促进渠道用户积极分享。

然而，一些行业和产品在使用分销裂变模式后，会让用户觉得如果分享好像是在利用朋友，导致用户不愿意分享，那么商家可以通过促销活动来增粉。如果是免费的活动，一般可以采用活动增粉的方式。推荐用户通过报名获得奖励或升级权益来激励用户进行分享推荐。路径与上述一致，但用户在报名时无须付费。

当然，仅仅依靠上述方案是远远不够的。如果想要让增粉效果更好，笔者建议做组队 PK 活动。

9.6.2　免费活动（具体实施案例）

先说这个案例的实施效果。这是一个跨境电商的线下研学活动，通过增粉＋团队 PK 的方案，实现了近 600 名用户在 3 天内报名参加线下活动，最终达成了 600 名申请人和 1000 名参加者的活动效果。

刚开始对方找到笔者帮忙做展览活动的增粉方案，笔者在整理资源时发现了以下两个问题。

（1）主办方因为是刚起盘的新品牌，私域流量池只有微信官方账号和员工微信朋友圈，之前几乎没有在个人微信上积累用户。

（2）组织者有 100 多名员工，但他们不想因为这次研学活动占用太多时间而影响员工的本职工作。用户增长部主要负责活动。

因此，基于上述问题，笔者打算用以下三类用户来启动增粉活动的资源。

对于员工来说，假期、现金和与高级领导人深入沟通的机会将带来激励效果。

对于参加的团长来说，更多的宣传曝光机会、商品折扣和与大咖深度交流的机会等能激发他们的动力。

对于已经注册的用户来说，更多的团队学习材料、现金以及和客户深入交流的机会可以激励他们。

然而，不同的用户有不同的动机。在分享材料方面，不同的用户群体愿意分享不同的内容。因此，运营者还要考虑对应不同群体的呈现方式和方案，以符合相应群体的身份。

由于研学活动本身是免费的，需要收集注册用户的联系信息，不能与以前已经注册的用户重复，所以我们采取了如下活动路径。

让用户进入注册页面注册，注册后直接添加企业微信进入小组，然后指导已注册用户分享活动，在新用户填写手机号码时，做手机号码的 API（接口系统）对接，匹配已注册用户的手机号码。

在笔者参与进来之前，研学活动对外发布了注册海报，有大量用户扫描海报上的二维码，却没有填写信息，导致效果不好。

后来笔者改进了逻辑，让新用户通过外部内容进入企业微信群，然后引导其注册，尽可能地将外部流量沉淀到私人流量池。

此外，用户在注册页面注册并指导用户了解活动细节之前，就让用户进入微信群，这样可以尽可能地让注册用户进入企业微信群，方便增粉活动进行。

通过设置任务奖励吸引用户关注企业微信公众号，生成用户专属的注册海报，再由用户邀请朋友扫码进入报名页面。报名成功后会继续引导新用户添加品牌主个人微信或企业微信。老用户的有效推荐数量以新用户的注册数量为准，这个做法的第一个好处是促进新用户注册，第二个好处是可以收集大量用户的联系方式，让用户注册后加入企业微信，然后发送活动链接给用户，将用户转移到线下活动。

现场参加活动的操作细节是将微信场景和到店核销分为两步，如果存在多个渠道需要核销的情况，还可设计支持一码多次核销，支持多渠道多次核销，满足异业合作和商业联盟的用户场景需求。

一般来说，通过这个活动增粉方案，可以满足很多品牌自身的增粉目标，但如果你有很多合作渠道和员工，可以考虑在增粉活动的基础上增加团队 PK 活动，最大限度地激发渠道和员工的共享动机，并在团队荣誉和团队奖励的刺激下激发每个人的参与热情。

团队 PK 活动实际上是让分享者组成团队来进行团队 PK，笔者设计过团队排名奖励和个人排名奖励，同时在排名奖励的基础上增加具体的效果奖励（如团队邀请申请人数或个人邀请申请人数达到 ××× 可获得奖励）。

如果公司员工较多，则可以让员工组成 PK 团队（或者按部门 PK）。如果公司有很多的合作渠道或铁杆粉丝，则可以让合作渠道或铁杆粉丝组成团队互相 PK，尤其是在以公司名义参与的时候。

团队 PK 活动的具体实施方式是先招队长，再让队长招队员。其中，招队长是最重要的。一个好的队长会自己做推广，带领并激励团队中的每个人参与活动。本次研学活动主要动员队长参与，通过私人聊天、微信朋友圈、社群招聘，最终招募了数十名队长参与本次活动。

需要注意的是，团队 PK 计划需要准备团队领导招聘材料，方便他们传达活动内容。在实施过程中，还需要注意数据及时反馈和推广材料支持，方便他们快速了解团队排名和人员推广，可以简单地进行推广。

笔者每天提供 4 份微信朋友圈文案和推广海报支持，公开发布 3 次数据，设置增加邀请新用户总数前 3 名的奖励，以充分调动团队积极性。

9.7　掌握五个要点调动团队的积极性

要想让团队成员有积极性，就要给信心、晒成绩、教方法、常复盘、通数据。

（1）给信心。只要发了微信朋友圈，就会得到有效的数据反馈截图，这能给团队信心，让大家敢于开始行动。

（2）晒成绩。晒出别人分享后获得奖品和佣金的截图，让大家都能看到行动后的收获。

（3）教方法。教大家如何发微信朋友圈、做微信群运营、找用户私聊等相关运营技巧，学会如何进行产品推广。

（4）常复盘。在活动的过程中，要挖掘那些效果好的方案做复盘，鼓励大家分享优秀的案例和方法。

（5）通数据。借助数据工具，实时公布个人团队的推广进度和排名。

9.8　如何进行线下活动复盘

俗话说："无复盘不成长。"活动后一定要组织复盘，复盘是任何职场人都要做的基本功。从理论到实践后，还要有进一步的思考和分析。经常复盘，才能产生新知识，才能成长。具体的复盘内容应该遵循逆向的黄金圈法则，即"What—How—Why"。在此分享一个标准化的复盘会流程。

第一步：数据总结与复盘会主题定位。

任何会议都是有主题的，复盘会也是如此，负责人需要先收集好信息和数据。数据总结有三个方面：一是时间维度总结，就是整个过程中的用户增长情况等；二是渠道维度总结，通过对不同渠道二维码的标记，对比不同渠道的用户情况；三是内容维度总结，对可能对结果产生影响的内容进行评估，找到对参与者影响度比较高的因素进行总结。

然后根据数据情况准备好要问的问题，确实复盘会主题定位。

第二步：数据同步。

复盘会通常是多个团队共同参与，因此首先要做数据同步。在正式讨论之前，先让整个团队清楚目标与进度。数据同步也是一种表扬与激励，以正向激励为主，点燃大家的斗志。

第三步：经验分享。

会前就可以预约优秀的伙伴做分享。任正非说过："要让听得见炮火声的人做决策。"当然具体情况中未必都能让他们做决策，但大多数情况下都可以做分享。

第四步：唤起兴趣。

先让大家的状态提升起来，再强调事情，事半功倍。

第五步：需求更新与讨论。

复盘是为了迭代，有一些没有被提前考虑到的需求，需要帮助预判需求、甄别需求、对接需求。

第六步：强调行动计划。

总结当天的重点，尤其要做两件事：第一，强调当天正常情况下应该推进的业务动作；第二，强调当天各自的待办事项，明确责任人，强调行动计划。

第七步：信息记录与分发。

开完会一定要形成文字版的会议纪要，并同步到各人员都在的沟通群，既方便因事未参会的人员查看，又方便重要行动的落实。

9.9　如何正确参加其他社群的线下活动

除了自己组织线下活动，还可以去参加其他主办方组织的线下活动，也能起到宣传自己的效果。参加其他主办方组织的线下活动，可以这样做。

9.9.1 注意自己的形象

俗话说："形象走在能力前面。"当你步入现场的时候，一定要以一个值得信赖的形象出现。任何时候、任何地方做营销，首先营销的就是我们自己。

9.9.2 准备充足资料

到活动现场，一定要准备好自己公司或者产品的相关资料。软性的资料包括一些产品的图片、个人名片、公司杂志，还要提前准备好一些案例的图片放在手机或者笔记本电脑里。随时可以拿出来给有合作意向的人看。

9.9.3 积极发言，针对不同需求的人群准备不同的发言内容

对于用户来说，千人千面。对于活动人群来说，也是如此。比如针对以下五种人群，侧重点是不一样的。

（1）用户。需要让用户看到产品质量、服务理念、众人支持。

（2）合作伙伴。要让合作伙伴看到信心和未来的利益。

（3）同行。要树立自己的行业地位，表达自己对同行和竞争对手的尊重。

（4）政府和投资人。要让政府和投资人看到成绩和机会。

（5）人才。要让人才看到我们的能力以及自己的未来发展。

9.9.4 主动添加微信，后续持续跟踪

当你在活动现场表现突出时，会有很多人主动添加微信，记得做好备注，方便后续跟踪。此年，还要主动添加其他人的微信，也许当时没发现可以立刻产生收益的点，但是通过后续私域的持续运营，在某个时期又产生了合作价值也是非常有可能的。

无论是线上社群营销，还是线下活动营销，都是影响别人的心理，在任何时候都要站在别人的立场去想问题。

9.10 如何利用线上线下结合互通有无

有一些微商从线下转战线上，不仅在网上销售，而且进军实体店。或许这个实体店所处位置很偏僻，或许只是个小店，线上线下同时运营进行互补，也就是同步运营网店和实体店，无论是提高销售额还是做好服务体验，都有很大的拓展空间。如何实现线上线下互补呢？

9.10.1 体验式营销

如果你在社群营销的产品已有实体店，就可以提供体验式消费。有的时候，线上是无法满足体验上的需求的，不管是钻石、数码产品等贵重物品，还是衣服、鞋子、化妆品等日常用品，顾

客都希望能试穿、试用一下，眼见为实依然是大多数消费者的购物心理。

考虑到实体店的辐射范围有限，而口碑传播较快，因此线下同样要注重服务体验。如果顾客上门体验，则可以线上预约，以往可能由于实体店面积有限无法展示全部产品，那么通过预约，卖家也可以早早做好准备，如果再加上一些相关推荐和服务会更加贴心。

9.10.2 差异化运营

很多开设了实体店的店长可能会发现，线上渠道销售不佳的时候，实体店却生意爆棚，当然，有时候会截然相反。比如淘宝的流行趋势一直是周一到周五销量很高，而周六和周日销量减半，线下则恰恰相反。之所以出现线上线下不同步的现象，是因为营销方式有很大的不同。

线上可以将线下的一些高风险商品进行处理售卖，而线下也可以将线上销售不力的产品打折出售，拉高店铺在附近区域的人气。

线上产品很容易通过人气搜索和近期直接排名知道大致流行的一些元素。由于线上的可复制性较高，对流行的传播也更快，在线上线下调性一致的前提下，笔者建议卖家在实体店的橱窗位摆放线上热门产品。

我们都知道门店是有营业时间的，但是通过把客户沉淀到微信中，再通过微信朋友圈和社群甚至直播间的运营，就能做到 24 小时在线销售，所以线上和线下就可以很好地结合，互通有无。

9.11　案例：从亏损百万到一位难求，亲子餐厅"超牛妈妈"逆袭记

2021 年注定是不同寻常的一年，各行各业终于渐渐恢复活力，经历了 2020 年一年的新冠肺炎疫情，每个人的内心和生活节奏或多或少都受到影响：有人在这一年失去了工作十几年的岗位，有人也在这一年开启了从未有过的精彩人生——社群和直播比以往每一年都更迅速地走进了人们的生活。

要说受疫情影响最大的行业，非餐饮业莫属，如图 9.1 所示。据创始人表示，超牛妈妈品牌线下实体店的消费需求呈现断崖式下降，再加上疫情反复不可捉摸，未来充满了不确定性。

图 9.1　2014—2020 年上半年中国餐饮行业收入规模及增长率

痛定思痛，超牛妈妈运营团队决定不能像以前一样，依靠线下经营，而是必须转战线上拯救日益下滑的业绩。然而，由于缺乏线上运营经验，转战线上简直一头雾水，是选大厂平台还是社交电商，是靠私域还是公域流量，运营模式如何转变？种子用户从何而来？

无从下手之际，创始人找到了笔者，笔者在私域品牌陪跑和社群营销方面有非常丰富的实战经验。笔者不仅为这家亲子餐厅重新设计了店面形象、IP 主题、盈利模式，还设计了一套完整的私域成交闭环。

2021 年 4 月开始着力进行社群和私域营销，做足了准备，7 月 17 日，笔者精心策划了一场直播连麦，作为最后的临门一脚，不仅激活了门店导流来的新粉，还斩获了 30 万元的业绩。

现在的这家餐厅经常人满为患，每逢周末都会被生日聚会、亲子活动等排满，可以说是成功逆袭，我们一起来看看笔者是如何帮助"全民养牛"西餐厅走出困境并成功逆袭的。如果你也是实体经济并想要转型，甚至只是想开启一份新事业，都会从中获得启发。

9.11.1　门店整体设计和创始人 IP 梳理

笔者为这家亲子餐厅做了重新定位——魔都首家绘本体验式西餐厅，如图 9.2 所示，从店面设计到室内设计都重新打造，再配合线下主题活动，并给进店的顾客提供了多个拍照打卡点。每周都有亲子教育、健身分享、生日派对等主题活动，通过主题活动进来的客户，都会在用餐后进行打卡拍照，并自发传播，有些年度打卡率比较高的用户成为后期的种子用户，复购率和品牌忠诚度都非常高。

图 9.2　亲子餐厅店内装修展示

　　同时，在充分挖掘个人优势的基础上，为创始人量身打造了个人 IP：超牛妈妈联合创始人，左手家庭、右手事业。结合日常亲子育儿和创业过程分享输出，吸引了一大批宝妈，为后面的转化提供了源源不断的种子用户。

9.11.2　打通餐厅线下门店到社群成交闭环

　　很多人把做私域等同于做微商，一天发 20 条广告，并在社群进行消息轰炸，认为私域做得好的产品特性是低价 + 刚需。根据笔者实际操盘过的各类品牌得出的经验，反而是越贵的东西越适合私域，无论是产品还是服务。私域流量的本质是你可以直接、反复触达的真实用户。

　　既然是真实的用户，那么我们便应该从流量思维转换到用户经营思维。

超牛妈妈把线上和线下获取的流量留存在专属社群里，如图 9.3 所示，用泛度运营＋精准分层的方式，锁定目标客户，最后通过精心策划成交 5 万～ 10 万元的订单。

通过实物认养＋线下发售＋线上社群运营／直播，用全新的模式开启传统行业新篇章。7 月 17 日的一场群发售活动，包含了线下牧场参观、社群运作和直播，有 6 位总裁加入。

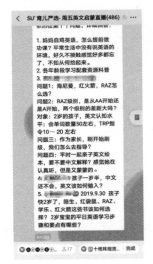

图 9.3 "超牛妈妈"社群运营

群发售当天单日应收超过 30 万元，创始人体验到了私域流量转化。

9.11.3 Super Mom 互相抱团，一起赋能

要做好私域经济不能单凭一己之力，找到同频的合作伙伴，发挥"1+1>2"的合作优势尤为重要。超牛妈妈在笔者的启发下，

陆续和亲子、运动和娱乐公司开展合作，互相赋能。大家互相抱
团成立"超牛妈妈联盟"，联盟初心是"赋能女性成长互助，让
女性迅速提高认知，完成个人成长，让更多人实现左手家庭、右
手事业"。目前已经帮助超牛妈妈搭建好整个产品架构，分别为
四个服务板块：精品成长沙龙、轻创业投资孵化、妈妈商学院、
社群陪伴成长营。

　　用高质量资源对接＋线下沙龙活动（图9.4）＋女性成长创富
课程、育儿课程＋直播新零售四体合一的方式（图9.5），落地执行，
一步步将超牛妈妈的品牌变强变大。

图 9.4　线下沙龙活动　　图 9.5　视频号直播连麦海报

2021 年上半年超牛妈妈和 30 多家运动场馆合作，如图 9.6

所示，只要缴纳入门年费，就可以全年畅吃牛排、畅喝牛奶，而且是在健身房现场烹饪，这对健身者来说无疑是有着巨大的吸引力。

图 9.6　线下场馆合作

都说 2021 年线下生意难做，那是你只看到了危机而没有看到其中的机会。超牛妈妈的案例告诉我们，看上去最难的餐饮业在私域经济和社群加持下，一样可以逆光飞翔。

未来私域市场会到 10 万亿元，过去单纯以 GMV（商品交易总额）为目标的时代已经过去，每一个私域流量都价值百万，我们和用户的关系不再是一次性交易关系，而是多次、长期合作的关系。

企业是否认可私域流量的长期价值，决定了公司未来的走向。

第五篇
案例分析

第 10 章
经典社群营销与运营实战案例分析

社群营销目前已经成为一种必不可少的销售方式，社群营销的方式多种多样，如何发挥社群营销的真正作用，需要我们认真学习和探索社群营销的知识，积累实战经验。

10.1　知识付费行业："罗辑思维"估值 10 亿元的社群

"罗辑思维"成为知识付费平台的黑马，更是开创知识付费的先行者。"罗辑思维"这么成功，必定有其独到特殊的运营智慧。

10.1.1　了解"罗辑思维"

什么是"罗辑思维"？为什么称之为估值 10 亿元的社群呢？

近年来，知识付费的狂潮席卷而来。在这场狂潮中，罗振宇和他的团队脱颖而出。

2012 年，《罗辑思维》在视频网站优酷上线。在视频上线的 8 个月之后，高喊"爱智求真、积极上进、自由阳光、人格健全"口号的罗振宇，宣布组建"自由人的自由联合体"，要把"罗辑思维"建成中国最大的"知识人社区"。

10.1.2　"罗辑思维"的背后是社群运营的思路

为了这个"知识人社区"，罗振宇做了一次大型社会实验——推出了"罗辑思维""史上最无理"的付费会员制度：普通会员

200 元会费，限量 5000 个名额；铁杆会员 1200 元会费，限 500 个名额。"爱，就供养；不爱，就观望"，这是罗振宇的会员促销口号。5 个小时，全部会员资格销售一空。

由于当时中国的互联网几乎很少存在类似的知识社区模式，也鲜有公司做知识付费这一板块，"罗辑思维"迅速成为热门的讨论对象，赢得了流量和热度的"罗辑思维"吸引了众多年轻人为之付费。

当时，罗振宇及其背后的团队开辟知识付费领域还没有多少前人的经验，很多人也会对新生的事物产生质疑，有人认为其推出的会员制度无法保证等价的利益交换。在种种质疑声的考验下，罗振宇还是给出了令人满意的答卷。他们用独特的方式向大众证明了自己不是在野蛮地圈钱。

"罗辑思维"于某日通过微信公众号推出一条消息：

今天，《罗辑思维》将发放会员福利，所有会员可从中午 12 点 21 分开始，通过"罗辑思维"微信后台提交自己的会员信息，前十名可以获得由"罗辑思维"送出的乐视超级电视一台。

消息一经发出，所有会员都沸腾了。12 点 21 分刚过 5 分钟，"罗辑思维"官方微博就称：请大家停止提交信息，已经有 200 个会员提交信息，他们中的前十名将获得这份大礼。

这波操作让许多人感到非常安心，得到奖励的消费者直呼大赚。

深入研究发现，这背后隐藏着层层的利益关系。本次活动的赞助方之一就是乐视厂家。

乐视之所以赞助"罗辑思维"，是因为看中其广大的粉丝群体，通过微博和公众号就达到了百万级别的宣传量，而且"罗辑思维"的受众大多有高学历且消费能力较强，正符合乐视的目标客户群。

这无疑是一场共赢的合作。

由此可以看出"罗辑思维"被称为成功的社群是实至名归。我们看其详细的流程，先是创建知识社群，绑定用户，然后通过会员制形成更加精准的交流社群，再通过社群为品牌方做宣传。最终罗振宇和他的团队成功地把知识"卖"了出去，这无疑掀起了知识付费模式的浪潮，越来越多的人瞅准时机涌入这一领域。

我们看到罗振宇开辟社群营销，感叹其背后拥有深刻的社群营销的意识，成功吸引流量，抓准时机促成交易，这也为后来加入的人提供了丰富的经验。

10.2 知识付费行业："樊登读书会"的社群运营

"樊登读书会"也是最近几年声名鹊起。互联网的普通用户应该都或多或少地在各大平台看过樊登的视频。

一开始樊登只在微信群里讲书，而发展到现在狂揽数十亿元，那么及其背后的团队是如何做到的呢?

10.2.1 樊登读书会社群的粉丝吸引法则

樊登读书会的粉丝量积累是惊人的，在抖音平台就有接近千万的粉丝量，其他平台也是几百万、几十万的级别。

那么樊登读书会背后的运营秘诀是什么呢? 我们可以发现，前期樊登读书会的粉丝人数少得可怜，有的人说，这么少的粉丝怎么就能运营成百万级别的账号呢？这听起来确实很神奇，但人们不知道其背后另有玄机。

玄机就是代理商，对的，樊登读书会是有代理商的，这就能理解为什么樊登读书会仅用一年时间就可以增加如此多的粉丝。这就是樊登读书会实现粉丝指数型增长的秘诀。

那么具体是怎么做的呢？

樊登读书总部总结出"知识 IP+ 优质内容 + 矩阵号 + 付费投放 Dou+"模式后，把这种方法也转化成可以学会的内容，推广出去就可以了。这样就实现了代理的运营。

具体的转化过程是关注—免费体验 7 天樊登读书 VIP—留线索—开通 VIP/ 注册，诱饵是完整的视频、免费听书、免费体验 VIP 等。他们的矩阵号之间也会互相关注，互相引流。

10.2.2　樊登读书会的社群转化之路

樊登团队推出的 App 也不可小觑。樊登读书 App 已经成为国内最大的付费听书社区，在短短 7 年内已经发展了近 1000 万付费会员、约 3400 万注册用户，App 日活（日活跃用户数量）达到 100 万次。

樊登读书会的成功看起来那么顺其自然，从小小的微信群发展成为具有影响力的社群，并且不断地吸引着越来越多的人加入。接下来，我们就谈一谈其背后的推广思路和转化思路。

樊登读书会在推广时借助了大 V 的流量，自己担任了一期罗辑思维节目主讲，获得了较高的浏览量。另外，还使用了推广二维码。樊登读书会推广二维码的基本思路是，老付费会员通过转发二维码发展了一个新会员，可以得到 50 元。但后来发现用户因为怕朋友知道自己拿了钱，所以不太愿意转发，而且樊登读书会最开始的会员都是企业家一类的中产阶级，更不会在乎 50 元钱。后来樊登读书会就把钱变为积分，每发展一个会员就可以得到 600 积分。发展 6 个会员之后，就可以抵一年的年费。

樊登读书会的社群转化思路之一就是收会费，而且通过拉人优惠的方式不断地增加入会的人数，仅仅几个月，公司收入近亿元，净利润达几千万元。樊登读书会因为其花式的玩法增加了流量、扩大了社群，更好地实现了转化。

樊登读书会无疑是非常成功的，它的边际成本几乎为 0，输出的内容优质且容易使人共鸣。樊登读书会对于用户画像的把握也值得一提，樊登读书的用户中 70% 是女性，消费人群以中高端人群为主。对各种社群经营方法的掌握无疑使樊登读书会更好地发展成了优秀的平台。

10.3　教育行业：“起点学院 1 元公开课”的社群营销与运营

“起点学院 1 元公开课”被人们称为教育行业的标杆，为什么人们对“起点学院 1 元公开课”有如此高的评价？

10.3.1　起点学院的社群基因

人们说起点学院拥有社群基因，这很直接地道出起点学院的性质就是社群。除此之外，起点学院与大多数培训机构不同的是，一般的培训机构是先有课程后有学生，而起点学院则是先有用户再有课程，由此可以看出起点学院更加重视学习的内容而非招生。

在起点学院最初发展的背景下，产品经理这一新型职业是鲜有人去探索的，也就是说没有所谓的带头者和有经验的培训者，在培训这一块也有相当大的盲区。后来有许多从事传统项目管理的老师来讲互联网产品经理课程，导致了这方面培训的乱象。

10.3.2　起点学院打造学习社群

后来，起点学院重新调整，重视优质的内容，优质内容自带广告效应，也会收获更多的用户。

在四年时间里，起点学院的背后团队一直在围绕内容做工作。起点学院的团队做到了对三件事情的坚守：一是课程设计研发，二是教师梯队建设，三是学习服务体系设计。

课程设计的研发即优质内容的生产，也是最重要的一个环节。接下来是教师梯队建设，即优质内容的输出。拥有优质的课程内容不代表课程传播一定能取得成功，优秀的传播者也很重要。学习服务体系设计即课程设计，主要分为两个部分，即上课形式和课程服务。一般的互联网授课形式为线上录屏、直播等，但是起点学院则是通过线上、线下相结合的方式进行授课，线下即进行实战、作业和练习。课程服务方面一般为"双师模式"，而起点学院在不断地探索一种更好的模式。

再来说社群，起点学院将学习和社群结合在一起，致力于打造学习社群。为此，起点学院也提出了"让学习更有温度"的口号，这无疑增加了学习社群的魅力。

　　起点学院做学习社群，首先是围绕一个用户从小白到入门，再从专业到专家这样的模式去做的，让每个阶段的用户都能在这里有所收获。这种模式无疑是非常有创新性且具有良好的可实行性的。起点学院也很好地完成了用户与优质内容、用户与用户的连接，这也是这一模式的优点。

　　起点学院这种学习社群的优势也很好地吸引且保留了用户。最具有吸引力的就是，起点学院是如何通过"1 元公开课"这一宣传为自己吸引流量，进而打造社群的。

10.3.3　"起点学院 1 元公开课"的逻辑与思维

　　首先，起点学院通过各种平台为其引流。一是公众号矩阵为"起点学院 1 元公开课"提供流量，二是知乎号为起点学院的课程进行引流。其间通过分享干货和软文进行宣传。

　　其次，起点学院打响了"人人是产品经理"的旗号。这些就是起点学院为打造社群所做的引流准备。起点学院在完成引流后，在开课前会进行课前分享，以激发用户需求。在开课前两天，各班每天都会进行一次知识分享。第一天，主要介绍产品经理这个岗位，并且强调其高薪酬以吸引目标人群。第二天，主要通过故事来激发用户需求：主人公是一个没学历、没经验的程序员，之后成功转行做了产品经理。其间会夹杂一些求职干货，以增加可信度。

　　最后，先在课前介绍老师，提高信任度，然后介绍当晚的课程，进行问题接龙。在课程进行时，以"干货 + 广告 + 在线答疑"的形式快速进行转化。之前的步骤都起到了留住客户的作用，而到了上课时，即将开始进行转化的准备。除了在直播中老师进行引导，还会在直播结束后迅速发放优惠券来加速转化。一般来说，老师能够成功激起一批用户的需求，这时候用户如果能够得到一个优惠，绝大多数都会直接下单。另外就是通过话术实现转化，一般有特定的遵循公式：课程介绍＋用户好评＋讲师介绍＋课程亮点＋用户答疑。

由此可以看出，起点学院在社群打造上的这几套组合拳相当漂亮，无论是吸引流量、社群维护，还是用户转化，都取得了实质性的成绩。

10.4　零食行业：绝味鸭脖的社群营销与运营

绝味鸭脖分布在全国各地。人们说卤味是比较容易推广到全国的，因为卤味在中国的各个地方都有受众，而且卤味容易保存，也比较容易统一规范。

如今受到新冠肺炎疫情防控的影响，绝味鸭脖也面临着前所未有的挑战。我们接下来就解读绝味鸭脖是如何做私域社群运营的。

10.4.1　绝味鸭脖的私域运营

与周黑鸭相比，在疫情关头，绝味鸭脖的损失要少一些。这部分损失大部分来自因为疫情防控而关闭的店铺。面对疫情，绝味鸭脖也对加盟商进行了大力扶持，但最重要的是绝味鸭脖将视线瞄准了线上巨大的流量池，开始重视线上营销策略，开启私域精耕之路，全方位提升单店营收。

着力打造社群运营的绝味鸭脖，开始将发展宣传转移到微信小程序上，在疫情防控期间，绝味鸭脖开发了自己的小程序，同时利用企业微信和服务号进行营销。

在社群营销的打造过程中，精准对接服务对象是很重要的。找准目标用户群体，就能很好地实现成交，节约不少人力、物力成本，而绝味鸭脖通过微信小程序、服务号的运营，精准对接了一批用户。在"双十一"等重要营销日来临时，绝味鸭脖也打出了漂亮的一仗。这就是很好的私域转化的成果。同时，绝味鸭脖的复购量也在持续增长，销量的提升大大增加了绝味鸭脖的名气，也由此形成了新客增长到老客复购的私域营销闭环。

10.4.2　"双十一"活动案例的具体分解

1. 活动工具

企业微信群 + 各外卖平台 + 社群营销小程序。

为了方便集中运营，降低被封号的风险，绝味鸭脖选择了让顾客添加企业微信。通过店内拉新、店员引导让顾客添加企业微信群，告知顾客有优惠活动，然后让其扫码入群。

社群运营通过每天在群内发送各外卖平台的优惠券留住粉丝，再用活动类小程序增加社群的趣味性，让用户边玩边抢福利。整体流程是线下引流—企业微信群—社群运营。

2. 具体步骤

整个社群营销步骤可以用拉新引流—促活转化—提升黏性构建整个社群营销闭环。

通过线下门店引导客户添加企业微信，用活码可以随机分配服务人员，无须经过确认自动成为好友，并能自动打标签，识别来源渠道。入群后给群友发放外卖平台饿了么、美团、大众点评等折扣活动，如图 10.1 所示，提高社群活跃度。

3. 群运营

每日设计不同的活动，增加活动乐趣，促进群内下单转化。比如，在群内发放 10 个红包，手气排名 1 ~ 4 位的用户分别可以获得 6 折至 9 折的下单折扣，如图 10.2 所示。

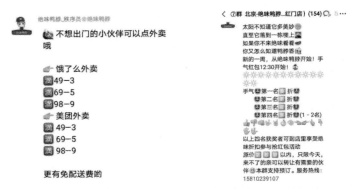

图 10.1　绝味鸭脖外卖平台折扣活动　图 10.2　绝味鸭脖社群活动

4. 私域场景

（1）服务号。引导用户点击并关注服务号，吸引粉丝加入绝味鸭脖的私域。

（2）社群小程序。只保持对内开放的社群营销小程序——绝味美食小助手，可以提供摇满减券和发放红包的活动，旨在方便运营，也可以降低加盟商的营销成本。

（3）企业微信。利用企业微信群获客和留存，建立精准私域流量池。

由此可以看出绝味鸭脖如何利用平台构建自己的私域流量池，一般的拉新方式就是优惠满减方式，也就是运用有利可图的活动吸引流量，这是社群前期吸引流量必不可少的常规操作。同时，小程序只针对进入私域的粉丝，精准对接了目标用户，也节省了运营成本。

10.5　传统家电：董明珠社群直播单场 100 亿分销

直播带货最近比较火爆。自从新冠肺炎疫情暴发，明星也开始纷纷加入直播带货的队伍中。

一些龙头企业也瞅准了这波浪潮，打开了自己的直播带货市场。董明珠就将自家的格力电器搬到了直播间，而且获得了很好的收益，那么她是如何实现的呢？

10.5.1　公域平台引流

所谓的公域就是抖音、淘宝等平台，这些平台有巨大的流量观众，而这些平台中最火的就是社群直播带货，并且淘宝还开展了一系列助推直播购物的活动，比如直播购物节，集齐了超火的带货主播。

分析发现，社群直播的逻辑是通过货源与博主定位的精准匹配来产生成交流量。格力电器的直播带货都由董明珠坐镇，无疑起到了很好的宣传效应，人们愿意为了董明珠进入格力直播间观看直播。

除了董明珠亲自坐镇直播间，格力直播间更是直接搬出了公司，在珠海国际会展中心搭建了一整套智慧家居场景，并且董明珠与世界冠军邓亚萍、中科院地球环境研究所党委书记曹军骥、索菲亚集团总裁柯建生等嘉宾一起进行了一场完整的体验式"带货"演出。

10.5.2　私域引流

董明珠的社群直播带货大部分是通过经销商在线下用不同的方式获得流量，比如摆摊推广。这种模式也会给经销商带来一定的利益，他们每拉一个用户进直播间，都会有相应的奖励和好处。这就是社群的前期引流。格力电器直接将这个任务转移给代理商，节省了许多运营成本，那么直播就是社群成交的转化。另外，董明珠直播间的商品价格低廉，许多经销商也在直播间进货下单。

就这样，董明珠成为"百亿带货女王"，但董明珠并非致力于卖货，而是为了打通卖货渠道。董明珠说："市场依然存在，只是你的方式需要改变，要让消费者跟你的距离更近。我们要把线上与线下结合起来，这样不仅可以为消费者提供更多便利，而且可以更精准地把握消费者需求。"

目前，格力电器正号召经销商在线下以地推的方式导流，平台可根据直播间的下单地址分辨用户来源，再以此奖励经销商。

董明珠社群直播带货采用的是一种直播分销的模式，一人直播，万群销售，背后牵扯着无数人的利益。董明珠直播靠的不仅是社群营销，还有格力电器亲力亲为的服务精神。除此之外，董明珠有自己的"直播经"，她表示："有人说直播仅仅是卖产品。实际上我们首先不能卖假货。此外，不能为了卖东西而卖东西。我就希望通过直播可以搭建一个平台，让企业和用户甚至其他人都能进行交流。我们做直播是要把最好的产品展示给别人。"

10.6　通信科技：小米如何点燃社群

小米是我们耳熟能详的电子科技品牌。作为强势崛起的企业，小米受到广大年轻人的热爱。普通社群只是打打广告，做做公众号和小程序，而小米的营销绝不是这么简单。

10.6.1　小米社群营销模式

小米相较于其他的品牌营销来说，一直坚守着不打广告的理念。有人会问不打广告怎么宣传自己的产品呢？对于这个问题，小米有自己独特的见解和方法。

小米的独特见解就是先建立社群，与普通社群的不同之处在于小米的社群准确地说是一个粉丝群体。小米之所以这么受人喜爱，是因为它首先做软件，然后发布 MIUI 操作系统，聚集用户，和用户互动，再做手机。这种模式培养了种子用户，而这些被聚集的用户就形成了小米的社群。与普通的先做硬件的模式相比，小米的模式更吸引人，并且能够精准把握客户需求、精准生产，很多粉丝成了小米的推销员，减轻了库存压力，降低了风险，也为其打了一波响亮的广告。真可谓成全了自己，也成全了他人，是一种双赢的模式。所以，我们看到小米的粉丝社群正在以极快的速度增长，而且印证了小米当初的理想——不用一分钱打广告。

10.6.2　小米粉丝社群的打造和维护

可以说，小米的粉丝社群是其比较重要的一部分。经营粉丝社群，其阵地是非常重要的。小米的第一款成熟产品是手机操作系统，也就是 MIUI。小米选择运营的第一个社群产品不是微博，而是论坛。为什么？因为它跟小米的产品特征息息相关。其中的很多知识内容很难通过微博进行完整的传播和沉淀。因此，小米最初的 50 万核心用户是在论坛中获取的。

小米对不同的互联网社群渠道有鲜明的功能化分工，分别是"微博拉新、论坛沉淀、微信客服"。拆解一下，微博具备强传播性，所以适合在大基数人群中做快速传播，以此来获取新的用户；论坛则适用于沉淀用户，便于持续维护内容运营，保持已有用户的活跃度；至于微信，小米则把它当成了一个超级客服平台。

小米论坛目前的注册用户近 1000 万，每天有 100 万用户活跃在其中。要知道，100 万日活跃用户这一数据，对很多垂直网站而言已经非常惊人了。更重要的是，小米并不是媒体，只是自有品牌的产品论坛。小米手机的微博账号有 200 多万的粉丝量，微信公众平台的订阅数是 256 万，每天微信上的用户互动信息有 3 万多条。小米后来进军 QQ 空间，也形成了很了不起的社群品牌，小米在 QQ 空间的认证账号粉丝量超过了 1000 万，小米在 QQ 空间做活动时，转发量轻松就能达到几万。

另外，打造社群比较重要的就是激活用户、多举办活动等。小米深谙社群经营之道，它的社群活跃模式关键在于话题和互动。

小米团队曾策划了"150 克青春"的话题，源于小米在 2013 年时做了一款产品叫作小米手机青春版，重量是 150 克。在该产品发布前约一个半月，营销团队就在微博通过一系列插画预热，这些插画描绘的是读大学时的一些经典场景。小米团队没有说发售什么，只是推出了"150 克青春"的话题，一直持续到产品的微博首发。另外，还有一些海报，海报里的元素非常多，有男生感兴趣的游戏机、照相机、球鞋，还有女生感兴趣的化妆品、体重计，甚至有减肥茶，总之是让人一眼就能感受到青春。其包装盒也充分展现了青春、文艺的格调。

小米公司的 7 位合伙人还默默地致敬了《那些年，我们一起追过的女孩》。他们制作了一张应景的海报，无论是对于每一个上过大学的人，还是对于正在上大学的年轻人来讲，那种亲切感都非常强烈。

由此可以看出，小米的社群运营是有灵魂的，所以它能够聚集这么多的粉丝，并且形成很好的宣传效应。小米无疑是一个非常成功的社群营销案例。

第11章

全实操社群运营案例分析

社群运营的学习无疑是非常重要的。社群运营是一项实践性较强的工作。我们不仅需要了解社群运营的相关知识，还应该深谙社群运营之道。

11.1 快闪群: "优游"品牌创下单群单日最高销售额纪录

快闪群作为一种增速快且效率高的运营模式,近年来一直被人追捧。快闪群的模式适用于渴望吸引新用户的营销者,它独到的运营之道值得人们去学习和应用。

11.1.1 什么是快闪群

快闪群和私域直播有共同的特征,即以一对多的形式、一次性批量转化的手段进行运营。这样的玩法之所以备受推崇,是因为其一对多的模式不仅快捷、高效,而且成本低廉。

快闪群,即超短时间的团购秒杀群。秒杀是社群经营促成交易的玩法之一,也就是在社群内通过短期的优惠来刺激客户。

快闪群这种玩法并不适用于所有产品的营销,它一般适用于决策成本低、产品服务较为标准的零售企业、平台型电商或者线下实体店。

相较于普通的秒杀,比如拼多多秒杀,快闪群更能营造一种紧迫的氛围,让用户真切体会到再不秒杀就会"血亏"。正是这种有时限的优惠的诱惑,使人们愿意消费。

那么如何操作呢?

1. 要进行选品

选品是关键。容易爆款的产品一般具有四个特点,即价格低廉、高价值、刚需、普适性强。这既有广阔的市场来源,本身也具备高性价比的特质。所以,选品一定要重视这几点。

2. 微信朋友圈剧本加上多渠道的触达

社群需要精准用户,对于快闪群来说也是如此。只追求人多是没用的,甚至会导致不好的结果,所以找到精准用户很重要。那么怎么找呢?靠微信朋友圈剧本。

微信朋友圈剧本,是有规模、有方案地扩大宣传,能够让用户指定活动并吸引用户参与。微信朋友圈剧本一般以 5 天为一个周期,每天一个步骤,分别是权益调查、结果公布、活动打磨、有奖预告、正式发售。完成了社群的建立,在群里可以适当安排水军,打造社群的氛围。促进成交可以做几个方面的准备。

(1)可以进行红包提醒。

(2)可以进行产品介绍和团购接龙。

(3)订单刷屏。

(4)限时限量销售产品。

11.1.2 "优游"品牌单群单日最高销售额案例分析

"优游"是中国专业的胶原蛋白产品品牌,其产品以纯天然和无添加著称。经历了几十年的积淀发展至今,"优游"品牌仍然面临着增长困难的问题。针对客户痛点，"优游"品牌决定利用快闪群的社群电商模式吸引新的用户。

通过微信朋友圈文案的宣传，"优游"品牌顺利地积攒了前期的流量资本。针对这些流量，精准筛选和对接客户，比如通过填写调查表、既设置准入门槛等，极大地节约了运营成本，也提高了效率。

针对新用户社群，"优游"品牌进行社群维护，主力推送产品，并且发送成交订单截图刷屏。接下来，为了维持用户的活跃度，设置红包和福利等，设计一些活动，让用户参与其中。当然，快闪群促成成交的最主要活动，是限时秒杀。就这样，"优游"品牌在一天内完成了几十万元的销售额任务。

11.2　训练营："英语启蒙"训练营的高效运营

现在人们越来越重视英文的学习，训练营式的英语启蒙教育颇为流行。

11.2.1　什么是训练营式英语启蒙

英语启蒙的对象基本都是较低龄的儿童。对于这个年龄段的孩子来说，英语的学习还处于启蒙阶段，不可能学习太专业的课程。训练营模式的启蒙教育就可以解决这一问题。

训练营做得较好的是伴学服务，也就是使学员置身于一种学习环境中。英语训练营就是让孩子置身于一个有利于英语习得的环境中。如今，启蒙教育机构很多，众多的教育机构对训练营的设计各有特色，这也是培训机构吸引用户的一个重要方面。

这一行业的竞争是异常激烈的。从长期来看，教育培训机构是靠产品和运营管理立身的；从短期来看，它们需要靠营销来立足。所以对于一个专业的英语培训机构来说，运营是非常重要的。

11.2.2 "英语启蒙"训练营高效运营的案例分析

培训机构 A 做"英语启蒙"训练营，并将其定位为五级星的英语培训，可以看出其针对的目标客户群体是中高层次收入的人群，并且确立了"五星级"的理念。

培训机构 A 的课程有一定的特色，主要表现为以下五个方面。

（1）精品小课。

（2）专业专职教师授课。

（3）趣味教学。

（4）提供标准语言环境。

（5）全英文沉浸式教学。

做出了自己的课程特色和精准的市场定位后，培训机构 A 与其他同类型机构的特点就区分出来了，逐渐形成了自己的特色和卖点。

在售卖宣传课程中，培训机构 A 在最开始引流的做法上进行了创新，那就是定价很高，实际售价优惠却很大。这一营销策略会给人一种非常优惠的错觉，从而更愿意选择打折优惠力度大的一方。

后期，培训机构 A 的运营团队开始进行客源采集。运营团队在进行采集的过程中，发现数量过少，也就是流量吸引得并不多，所以运营团队开始采用直接资源采集法，即一对一面售，并且配合发宣传页和在微信朋友圈引流。

经过客户信息采集后，还需要进行回访和客户分类，寻找精准的目标用户。针对目标用户再进行宣传，我们可以适度地造势，比如通过当地的公众号等宣传资源，或者自己建设公众号进行推送都是极其有效的宣传方式。另外，培训机构 A 还联系专家，开展专家讲座等活动，就是为了给英语训练营造势。

我们可以看到培训机构 A 并没有拘泥于传统的培训宣传模式，而是用精细化的搜集和精准定位，以高端教育为主的服务，使培训机构 A 的营销方式也以展现高品质服务为准则，例如邀约专业专职教师参与，以更好地展现其教育实力。

11.3　其他实体店：社群裂变引爆客户流量

现在的实体店备受挑战，一方面是电子商务的打击，另一方面是现在的经济环境确实不尽如人意。面临双重打击，实体店该何去何从？

11.3.1　什么是社群裂变

社群裂变本质上是让流量自动裂变成新流量的一种形式。从"裂变"一词的词义可以看出，这是一种具有爆发力的快速增长模式，但是做到社群裂变却没有那么容易。

裂变的基础是扎实的内功。为什么这么说呢？裂变的目的是让客户自主地为我们传播，拉近人与人之间的社交关系，迅速扩张来吸引粉丝。它形成一种态势，这种态势就像蜘蛛网一样，相互连接。

所谓的"内功"就是产品、服务、内容保持真正的高质量，真正切合用户的刚需。想完成裂变，内功是不可或缺的。

产品特性决定传播的力度。不是有好的运营就一定可以获得最好的成绩，还依赖于产品是否具有爆款的特质，即高性价比和高适应人群。

再者，就是有明确的裂变主体——用户。裂变和营销的受益者、发起者是经验者，但是裂变和营销的主体是经营者已经黏合到的忠实粉丝，且忠实粉丝是意见领袖，或者具备意见领袖的潜质。在粉丝意见领袖的带动下，裂变和营销才能够有效进行下去，所以经营者最应该关注的不是高超的经营策略，而是用户本身。

11.3.2 如何通过社群裂变实现客户引流并提高成交率

如何实现社群裂变呢？笔者认为，主要从以下五个方面着手。

1. 做好价值观的塑造

塑造价值观也就是对自身进行定位，要让人们知道你是干什么的，有什么样的交换价值。价值观会自始至终地影响一个社群的营销效果，所以不可小觑。

2. 设置严格的准入门槛

许多社群会设置准入门槛，这是为什么呢？比如樊登读书会坚持收费。准入门槛设置可以在一定程度上拉高精准用户的比例，使社群在运营过程中发挥更多的价值，也会因此节省许多运营成本。

3. 建立社群仪式

群内进行打卡或者完成分享等活动，都算社群仪式。通过这些方法，社群可以得到良好的运营，用户在社群内的活跃度可以提高。

4. 建立激励制度和淘汰机制

激励制度能够促进用户的活跃度，比如分发红包、表扬积极完成任务的人等。淘汰机制也是有必要设立的，比如对于不守规则的人，需要及早清理出去。

5. 线上线下联动

对于实体店来说，社群裂变完成后还要完成线下的交易。尤其是服务行业，做线下活动是很有必要的。

11.4　母婴门店：社群运营实现销售高速增长

人们都说做母婴生意的都赚到钱了。其实，这背后不能没有营销的助力。如果没有专业的帮助，母婴生意照样会迎来发展的"瓶颈"，而想打破"瓶颈"，实现销售高速增长，社群运营是有效方法之一。

11.4.1　母婴社群营销"瓶颈"

如今母婴店的商机被许多人看到，但是一些母婴店并没有进行线上的宣传活动，或者说进行宣传也只是在公众号发推文或者发微信朋友圈。有人统计自己建立公众号等进行线上宣传的收效甚微，只增长了 10% 的销售额。那么为什么会出现宣传不到位的情况呢？在笔者看来，并不是公众号内容不优质，或者微信朋友圈活动不吸引人，而是其没有形成社群效应，没有聚集流量。

由于母婴门店大多是夫妻店，一般在营销上投入的精力会少一些。事实上，想要真正实现销售的高涨还是要认真运营。那么换一种思路，转为社群营销，可以为母婴店铺的生意打开一个新世界的大门。

11.4.2　适合母婴门店的社群营销

母婴用品是个市场前景广阔的行业，本身就具有营销的优势。因此，在打造社群时，一定要围绕母婴销售的特点进行。

1. 找到痛点

母婴用品营销的痛点在于，新手妈妈可能对育婴不熟练，且不知选择哪种育婴用品，还有就是对产品质量不放心。找到痛点，母婴店铺需要做好自己的产品，并且为许多妈妈提供育儿知识和服务。只有这样，才能满足客户的内在需求。

2. 进行多元引流

在确定自己如何精准服务之后，要做的就是进行引流，要让更多的人知道你家产品和服务的优势。

通过社群营销的学习，我们发现这也是一种很好的引流方式，可以很好地促成交易。具体可以进行以下操作。

（1）拉新裂变。通过利益驱动，直接让已有用户来分销裂变，或者请外部的行业大咖来帮忙推荐，只要推销出去就给他们一定的佣金，常见提成比例为 30% ～ 50%。

（2）以老带新。类似一些有潜力且口碑好的社群，由社群老成员转介绍带来新客户。例如，作为宝妈，要是得知群里不光有好产品，每天还能免费收获不少母婴知识，那么她们是很愿意进入这个社群的，这样不但能节省她们大量的时间和精力，还能避免踩到购物雷区。

（3）漏斗拉新。很多社群都会用免费公开课来拉新，一旦课程结束，便会告诉用户还有更高级的课程和社群，如果用户想加入，商家就可设置一些消费门槛。

11.4.3　进行社群管理

前文的很多社群管理知识都证明，精准寻找客户是很关键的，这有利于更好地运行和管理社群。首先，需要设置准入门槛，对客户设限，比如付费等手段。母婴营销比较好的门槛设置就是填写调查报告，这样母婴店铺可以分析客户的各项信息，从而精准对接并服务。

其次，需要活跃社群，推动社群成员的交流互通。一般通过活动来实现，而活动一定要有奖励机制，才能最大限度地调动人们的积极性。

再次，需要宣传母婴知识，或转载专家讲座，进行知识分享等。有实力的母婴社群可以举办线下专家讲座、健康讲座等。

最后，需要加快成交。其方法有很多，如限时秒杀、优惠、限制名额等都是促成交易的一般玩法。整套下来，社群营销基本就完成得差不多了。

11.5 高端"私董会"：高客单价经验分享

人们都说中产玩社群，高端有圈层，大佬做私董会。高端"私董会"区别于普通社群，但与社群也具有一定的共通性，了解不同人群的营销管理，有利于我们发现不一样的营销智慧。

11.5.1 什么是高端"私董会"

有的人可能不知道高端"私董会"是什么，也有的人说，高端人群解决难题的方式就是私董会。确实如此，为了解决问题，就诞生了私董会，它是一种新兴的，供企业家学习、交流与社交的模式。私董会完美地把高管教练、行动学习和深度社交融合在一起，核心在于汇集跨行业企业家的群体智慧，解决了企业经营管理中较为复杂而又现实的难题。其特点在于私密性，只有少数非竞争性行业的企业家参加，且运作保密性强。

权威机构的一项调查显示，拥有私董会的企业成长速度是其他企业的 2.5 倍。大家所熟知的通用电气 CEO 杰克·韦尔奇、微软创始人比尔·盖茨，这些在全球具有影响力的企业家，均拥有自己的私董会。

11.5.2　高端"私董会"的打造

最近，国内商界知名的云派私董会的运营打造非常成功。其采用了比较新的裂变模式进行获客及品牌传播。这里笔者做一个案例拆解。

1. 利用学员裂变构建流量池

互联网商战中拼多多异军突起，瑞幸咖啡"遍地开花"。这两个品牌都是利用数字技术打通用户社交裂变，这是它们在数字时代获得成功的关键。对于教育培训机构来说，打通学员与培训机构之间的关系链，实现由上至下的全方位营销协同是至关重要的。

云派成功将所有学员拉入全员裂变链路内，让学员分享传播课程精彩片段，从而影响其周围圈层的潜在客户。通过学员的传播，快速将品牌打入高端商业社圈层，从而实现品牌传播和营销获客。

2. 数字化管理学习空间

云派的私董之家小程序，是一个集学员课后巩固、作业管理、学习心得等学习行为于一体的学习空间。

（1）课后复习。课程结束后，教师会整理文章以及上课精彩片段，发布在课程板块精华内容中心。除了上课时间，学员在课后也可以反复观看以巩固学习，并且支持一键发布到每个学员的微信上，完成点对点推送。

（2）作业管理。传统线下培训，老师布置作业后的管理是比较复杂的事情，如果是纸质作业，既不方便管理，又耗费时间。特别是云派私董会成员都是各企业负责人，学员普遍非常忙碌。这就需要一个能够简单快速提交作业的系统。

云派就是这样一个存在，交作业非常简单便捷，学员只需通过系统自带的功能就可以快速提交作业。

3. 学员分享得学分奖励

这里的学分不是大学中为了课程结业而修的学分，而是云派根据学员分享、转发文章等行为进行的"学分奖励"，类似于积分制度。学员可以通过相应的学分，在云派商城兑换礼品。

第六篇

职业发展

第12章

社群运营的职业发展和成长

随着互联网的发展和电商的崛起，越来越多的商业重心开始朝着互联网转移。市场的变化导致了运营行业的发展，其中社群运营是商业发展、销售增长必不可少的一环，所以社群运营的职业发展前景是很好的。随着社群运营不断的发展和成长，这一领域也具有了许多理论的积累，形成了专业的教学团队，吸引更多的人参与到社群运营中。

12.1　社群运营者的自省和思考

社群运营是一项复杂的工作。对于社群运营者来说，具备一定的素质和能力很重要，同时需要更多的自省和思考，才会给行业带来突破。

12.1.1　需要具备的核心能力

任何一个岗位对人的要求都包括能力和技术两个方面。因此，社群运营人员更应该明白在社群这一行业，能力和技术的获得不一定具有很强的积累性。因为它更新换代的速度很快，稍不留意就会落后于人，所以社群运营人员应该重视自己不断学习、紧跟时代的能力。

社群运营最核心的内容把握至关重要，因为这是基础，不会随着时代变迁而轻易地发生改变。要培养核心能力，主要做到以下两个方面。

（1）了解自我，找到提升点。做好一份工作，最重要的是提升核心能力，找到自己的能力优势，对标岗位的能力，依据差距点，再进一步提升。

（2）深入学习，提升核心能力。认真对待每一次学习，从做中学，把思考和时间相结合，将碎片化知识沉淀到底层逻辑里。再行动再复盘，反复几次后，内化成核心能力。

12.1.2　对社群运营的思考

无论是什么领域的运营人员，对于社群运营的思考都是很有必要的。社群运营者可以从实战中体会社群从建设到完成的经过，并且总结经验，从中抓住最核心的东西，在原有基础上进行创新，开展新的运营模式。

小林作为一名教育行业的运营者，在工作中逐渐积攒了自己对于运营的理解。下面我们借鉴小林在课程产品、运营流程和营销策略三个方面的总结和感想。

1. 课程产品

对于课程产品的设计，一般在社群构建时就要考虑了。只有先确立相关的产品，才能进入下一步，以运用吸引法则。在这一环节，主要有产品周期的设计、产品内容的设计和课程体系的设计。

对于产品周期的设计，小林的课程产品是英语产品，一般设置训练营时长为4天，周期较短，主要有两个原因：一是成本因素，二是课程内容接受度。

对于产品内容的设计，要确定遵循层层递进、深入浅出的教学逻辑。对于线上教育，尤其是有一定营销性质的训练营来说，学员的学习反馈是至关重要的，在一门新开设的课程产品上线初期，多多采集学员的听课反馈，尽可能地迎合学员的口味，满足他们的学习需求，才能使课程长久稳定地存在。

对于课程体系的设计，正式课程除了课程内容、增值服务，还应该有配套的处理后续课程服务的环节，比如转介绍、退费等。后续的服务可以影响产品乃至机构的形象，即机构是否足够靠谱、是否可信任，是影响产品口碑的重要因素。

2. 运营流程

从前期接流量到后期运营的持续周期为 7 天。这 7 天中前 3 天是接流量的时期，也就是在这 3 天里，要初步和学员建立关系，促使他们报名并进学习群。

3. 营销策略

（1）饥饿营销。转化当天规定一个限购名额，通过学员抢购的行为营造出一种紧张的气氛。这在一定程度上可以激励用户消费。

（2）共情营销。采用已经报名成功的学员案例进行学习效果展示，通过学员具体的身份背景和学习成果来使目标用户产生共鸣，从而达到转化的目的。

通过实操的社群案例，我们可以看到，社群营销人员懂得社群的基本流程，了解普适的社群玩法是很重要的。

12.1.3　应提高的服务素养

在社群营销人员的工作中，文字回复是主要的沟通方式。用语要文明得体，避免引起客户的误会，实际工作中有以下几点需要注意。

1. 适宜的称呼

比如，在日常生活中"先生"和"小姐"是泛称，但是在群里应避讳，注意把握好分寸。

2. 规避盘问

在社群的对话中必定涉及问答，如果问得不当就会引起反感。比如对于刚刚添加的好友，或者刚入群的群友，不能冒昧地询问对方的年龄、收入、住址等个人隐私。对方问话后不回答，是绝对禁止的。问话要有耐心，特别是在自己工作忙碌的时候，如果表现出不友好、不耐烦的情绪，非常容易引起对方的不满。

3. 否定回答

当群友或者用户对我们有需要，如果简单粗暴地回复"没有""不知道""我不管""不清楚""不可以""没空""自己去找""去问×××吧"等，用带有否定性质的回答表示跟自己没有关系，或者用非常不耐烦的语气回复，就会伤害用户的感情，这是社群运营的大忌。

4. 多用通俗的语言

俗话说："下里巴人，歌者众多；阳春白雪，和者盖寡。"通俗易懂的话，更能被大众所接受，所以运营人员在跟用户沟通的时候，要多用通俗的语言，少用书面语。故意咬文嚼字不仅让用户感到费解，不利于沟通，还拉大了彼此之间的距离。

5. 注意倾听

有时候跟用户聊着聊着就忘了分寸，这非常不礼貌，也有损自己的专业形象。当和用户聊到兴奋的时候，要注意倾听，不能抢了用户的话头，也不能在背后谈论别人的隐私，更不能谈论容易引起争执的话题，以免产生冲突。另外，还要避免低级趣味。

12.2　社群运营的"择业"

社群运营作为新兴行业，具有很好的发展前景。未来，互联网的渗透只会越来越深，许多行业不可能撇开互联网营销只做传统的营销。所以，对于社群运营的择业，我们不仅要正确看待其发展前景，而且要了解其择业的方方面面，比如所需技能等。

12.2.1　社群运营岗位的就业前景和薪资范围

互联网的发展，扩大了许多微信生态相关岗位的需求，如图 12.1 所示，数据来源于 2020 年 5 月腾讯微信联合中国信通院共同发布的《2019—2020 年微信就业影响力报告》。其中，位居第二的就是社群运营。

目前，这一岗位的需求量较高，且社群运营涉及的领域很广，就业门槛比较低。即便是退伍军人、农民工、家庭妇女、残障人士等，也能快速学习、掌握数字化技能，投身新经济领域。

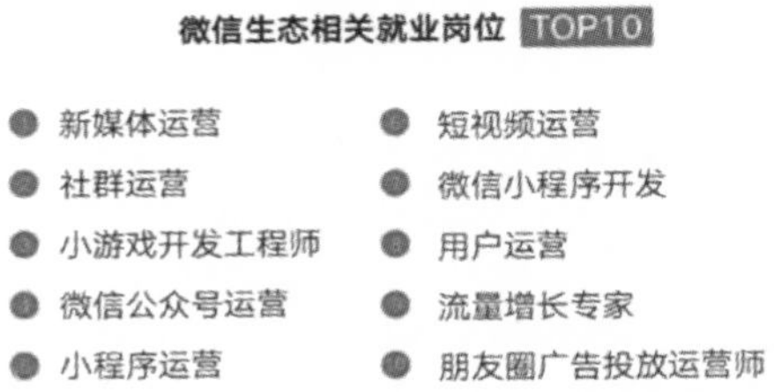

图 12.1　2019—2020 年微信生态相关就业岗位 TOP10

对于想进入社群运营领域的人来说，首先应关注的是该行业需要具备哪些技能，其次就是薪资水平。

一般来说，3 年经验的岗位需求量占 50% 以上，5 年经验的岗位需求量占比 80% 以上，5 年以内工作经验的岗位薪资范围在 3000～14000 元。发展空间较大的城市是北京、杭州、上海、广州等。

12.2.2　社群运营的岗位职责

对于想加入社群运营行列的人来说，需要知道社群运营的岗位具备的能力。具体如下。

（1）具备活动策划、内容运营、数据分析、新媒体编辑的基础能力。

（2）用户方面，要有拉新、促活、留存、转化、裂变的能力；活动策划方面，要有追热点、做创意的能力；另外，还要有数据分析、用户挖掘与客户资源管理能力。

（3）对主流社交和媒体渠道的掌握，包括微信群、微博、论坛、贴吧、公众号、豆瓣、App、知乎、天涯、猫扑等。

运营者也需要结合市场热点、产品营销节奏、即时热门话题、节假日话题等，挖掘用户需求，有针对性地开展线上活动的策划、互动、执行及效果追踪。需要注意的是，积极与用户互动、挖掘核心用户、促成用户转化、收集用户反馈、及时与相关部门沟通。

除此之外，要想做好社群运营工作，还需要做到以下几点。

第一，根据用户需求设计运营方案。只有了解用户需求，才能设计出完整的运营方案。需要注意的是，社群运营不仅仅是建立一个群，要想社群获得长远发展，必须有一套能解决用户需求的运营方案。

第二，发现存在的问题并及时调整运营策略。一个好的社群运营者能看出社群发展过程中的潜在问题，分析研究出哪个步骤出错了，并输出有效的解决方案，这样才能保证社群的持续健康发展。

第三，做能解决问题的人。专业社群运营者与普通社群运营者的最大区别，就是一个依靠自己的能力解决问题，另一个却依靠别人的方案解决问题。社群运营人员应该成为前者而不是后者，毕竟方案是死的而用户是活的。

12.3　社群运营者和社群操盘手的区别

有人会误以为，社群运营者就是社群操盘手，其实这是完全不同的两个事物，社群运营者并不等于社群操盘手。

有人认为运营就是创建产品、获取流量、策划活动等，但这只是一些比较浅层的东西。只是创建产品、获取流量、策划活动的人，可能是社群管理者而已。

12.3.1　社群运营者

社群运营者的主要工作内容在执行层面，包括工具的使用、话术的撰写和整体活动的策划。这些都是"点"状的，非常浅层，很容易被模仿，只要有清晰的工作手册或者 SOP，是完全可复制、可替代的。如果没有独特的竞争力，你最终会被其他运营者所替代。比方案更重要的是制定方案的能力，优秀的操盘手懂得制定方案。这样的人才，才是拥有核心竞争力的人才。

12.3.2　社群操盘手

相较于社群运营者，社群操盘手不仅掌握了"点"，更掌握了社群运营的"线"和"面"。他们将更多的时间花在社群的构建上，比如运营和规划，还要对结果负责。从结果出发，根据结果制定相应的工作内容，并且能在执行后进行复盘，不断地对整体策略进行迭代和优化。这需要他们具备管理能力、商业思维能力、资源整合能力，再基于这些能力打造一个高效运转的社群体系，实现结果最大化。

修炼成一名优秀的社群操盘手，需要什么样的能力呢？

1. 整体统筹规划的能力

整体统筹规划的能力是四种能力中最重要的一项，由五个部分构成：用户画像分析、入群门槛设计、用户架构搭建、社群活动设计、运营闭环设计。

（1）用户画像分析。对于社群运营，我们一再强调以人为本。

所以，用户画像的分析是所有运营工作的基础，包括年龄、性别、城市、职业等多个维度。有了用户画像之后，对于接下来的运营目标就有了清晰的认识，才能有的放矢地开展后期运营工作，比如裂变活动诱饵的设计、推广的渠道等。

（2）入群门槛设计。如果只有用户画像而不去设计与之匹配的入群门槛，那么社群的精准度无法保证。虽然设立门槛会导致流量损耗，但实际上极大地节省了运营者的筛选成本，解放操盘手，使其将更多的时间用来做社群规划。门槛设计要合理。假如门槛过高，会导致社群人数太少，氛围不活跃；假如门槛过低，会导致社群成员质量参差不齐，甚至会出现"劣币驱逐良币"的现象。

（3）用户架构搭建。用户架构搭建就是要对现有用户进行分层，呈现出一个漏斗状的布局。比如普通粉丝、铁杆粉丝、KOL、超级传播者等。社群里，低价值的用户越多，整个社群的体验感就会越低，容易导致高价值用户流失。社群操盘手就要负责进行一些调整，去除低价值用户，邀请一些高价值用户，维护社群的良好生态。

（4）社群活动设计。社群操盘手要根据目标人群设计匹配适合人群属性的营销活动，比如三四线地区对价格比较敏感，就可以通过促销、拼团、助力等方式扩大传播；一线城市对社交价值比较敏感，就可以设计有荣誉感和代言感的活动扩大传播。

（5）运营闭环设计。很多人以为的闭环是指成交，除了成交，真正的闭环不仅要能够完成转化这一步，还要能加入下一次传播的开始。对于整个过程中的每个节点都要有清晰的设计，最终实现运营效果的最大化。

2. 切实落地执行的能力

有了明确的规划后，接下来就要落地执行。社群操盘手要通过对整个运营团队的指导，完成每个环节的落地执行，最终达成目标提升整个社群的价值。

3. 提升社群运营质量的能力

（1）标准化流程。社群操盘手除了结合自己的优势，拥有一套自己的思路和打法，还要对每个环节和流程烂熟于心。不仅自己要清楚地知道每个步骤的意义，而且要对配合的人员进行合理的分工，每次操盘都要有一份固定化的 SOP，各方人员进行标准化操作，这样可以节约沟通时间。每次活动后都要带领团队进行复盘，或者拆解行业相关案例，优化自己的方案，让流程更顺畅、服务更加标准化。

（2）简单化流程。通常社群操盘手要调动 10 人以上的运营团队，所以这里要提醒大家，运营手段不是越多越好，千万不要东拼西凑。切忌生搬硬套别人的方案，时刻牢记运营不是花式炫技，而是为用户提供价值，所以社群里的每个运营动作，务必是用户需要和喜欢的。比如你经营的是女性成长的社群，就可以设计直播答疑、复盘打卡、优秀学员分享等社群活动，给社群成员构建积极向上的学习氛围，让她们通过这些服务不断得到自我提升和价值实现。

（3）定期内容输出。社群运营 = 内容 + 运营，内容也是社群运营的重要组成部分。社群内容主要分为两个部分：常规内容与高价值内容。常规内容输出包含早报、日签、行业内信息分享、话题策划等。通过高频次的内容吸引群成员保持对社群的关注，比如有一束光社群内设计社群艺术日签等。高价值内容输出包含群内直播分享、大咖老师答疑、线下活动同步等。通过低频输出，结合用户需求周期性转化成交。

4. 超强的数据分析能力

在大数据时代，用户的每个动作都会通过数据反馈给我们，所以数据分析能力是每位社群操盘手都应具备的核心能力。一名优秀的社群操盘手，必须要学会从大量数据里找到提升运营结果的核心数据，并且进行分析。通过数据，判断自己在各个环节中出现的问题，或者分析自己完成得比较好的地方。

12.4　社群运营者的核心能力

互联网时代，任何事物都发展得异常迅速，许多更新迭代需要人们不断学习，紧跟时代潮流。社群运营也是如此。无论怎样变化，社群运营所需的核心能力都不会轻易改变，因此我们只有把握住了最关键的部分，才能更好地应对突如其来的改变。

12.4.1　了解用户需求的能力

做社群最重要的一点就是了解用户的需求，只有了解了用户的需求，才能设计出符合群体所需价值的运营方案。社群运营从来不是建立一个群，然后在群里发福利、随便聊天就可以了，要想社群能获得长期发展，必须有一套匹配用户短期需求和长期需求的运营方案。如何深入了解用户需求呢？笔者提供一个很简单的方法，就是高强度地和用户在一起，线上聊天还不够的话，就线下见面约谈，了解始于深入沟通。

12.4.2　分析问题并及时调整的能力

只要跟人打交道，就有诸多的不可控因素，社群运营不能彩排，每一天都是现场直播。一名好的运营者不仅能制定方案，而且能随时调整。

群内一旦出现问题，不论大小，都要引以为戒，需要举一反三去地思考社群在运营过程中出了哪些问题，还会出现哪些类似的问题，以及具体是哪个环节、哪个步骤出错了，应该怎么改进。

因为社群运营就是生活本身，没办法预演，出现问题也不可避免，所以出现问题后如何有效快速地调整就十分关键。

12.4.3　解决问题和开发方案的能力

每个社群运营者在早期入门的时候，都经历过用一套现成的SOP 简单执行的过程。当然，复制成功的经验、借鉴别人的经验可以少走弯路，所以在一定条件下，套用别人的方案也没有什么问题。

就像人不可能两次踏进同一条河流一样，用户是灵活的，世界上不存在相同的两片叶子，也没有相同的两个人。如果你换了一批用户，同样的方案可能就失效了，因为从需求本身的角度出发，可能是不匹配的。别人的方案就不再适用于你，需要社群操盘手自己制定用户画像的专属运营方案。

12.5　社群的模型和成长路径

社群运营在不断发展过程中涌现了不少的成功案例，也就是说积累了不少的经验，比如社群运营的发展模式和成长路径，以备人们参考和学习创新，所以讨论社群运营的能力模型和成长路径也是很有必要的。

选择好社群运营的发展模型，需要进一步打造更有价值的社群。要知道，社群经济的本质是渠道，因为不论是淘宝电商还是微商，不论是社交平台还是社群，其本质上都是交易的一种形式。

社群的发展模型和多数商业成交途径一样，离不开产品、场景和人，未来的社群新零售一定离不开产品＋社群的标准配置。

从增长的角度来看，社群可以分成三种：传播型社群、产品型社群、服务型社群，下面会详细介绍。请根据自己的运营习惯、用户习惯、测试结果等，选择适合自己的模型。

12.5.1　传播型社群模型和成长路径

传播型社群以裂变为导向，最简单的就是用微信群裂变进行社群的快速扩张，到一定时间再进行产品转化。这一点做得比较早、比较疯狂，且收益较多的就是"有书共读"社群。

以"有书共读"为例的传播型社群成长路径如图 12.2 所示。

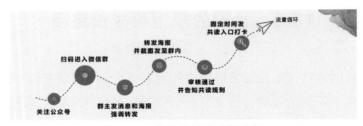

图 12.2　传播型社群成长路径

12.5.2　产品型社群模型和成长路径

产品型社群是把社群作为产品的一部分，即需要付费才能入群，而且社群主要是学习与交流的场所，很多付费打卡类产品都属于这一类型。其成长路径如图 12.3 所示。

图 12.3　产品型社群成长路径

12.5.3　服务型社群模型和成长路径

服务型社群，是把社群当作服务用户的工具，是附属物，仅做答疑，偶尔也会二次传播，但用户使用产品是在单独的平台上。其成长路径如图 12.4 所示。

图 12.4　服务型社群成长路径

12.6　社群运营团队内部管理

优秀的社群运营团队是社群强大的基石。社群运营人员一方面连接着企业，另一方面连接着用户，可谓是一个企业的"中坚力量"，在企业中起到了承上启下的作用。因此，对社群运营人员来说，职业素质、管理能力甚至领导力都对社群发展以及整个企业起到了非常关键的作用。企业能否建立一支优秀的社群运营团队，决定了企业在当代能否持续经营和发展。

12.6.1　服务意识的建立

社群运营人员承担着批量运营客户的职责。社群运营人员就是公司的媒介，应该具备"我代表了我的公司"的意识。公司通过社群运营人员为用户提供服务，在和用户沟通的过程中，社群运营人员必须弄清楚公司发展的关键，有能力回复用户的咨询，解决用户的问题，并且把用户当作可以共创未来的对象。对于社群运营人员服务意识的建立，管理者需要重视起来。

12.6.2　RATER 指数框架

如果服务质量的考核有一个参照框架，对社群运营从业人员来说会非常有益。在此，介绍由得克萨斯农业大学研究者莱昂纳德·贝利及其同事整理提出的 RATER 指数。RATER 由 5 个英文单词的首字母组成——Reliability（可靠性），即用正确的、可信赖的方式提供已承诺服务的能力；Assurance（担保能力），即展示给客户知识和礼貌，以及传达信任、胜任力与信心的能力；Tangibles（有形度），即实体设施与设备，自己（及他人）的外在表现；Empathy（同理心），即表现给客户的关爱与个人关注程度；Responsiveness（响应力），即及时帮助客户的意愿，是衡量客户服务质量的一种有效方法。

具体应用到社群运营上，笔者通过举例来说明。

（1）及时交付客户的付费项目（可能是实物商品，也可能是服务），这展示的是可靠性。

（2）当你在群内回复客户说："这个问题我能帮到你。"如果你说到做到，就会让客户感到放心，这体现的是专业度。

（3）在解决客户问题的时候，你能敏锐地察觉到用户的一些特殊需求，这表现出的是同理心。

（4）当你注意到客户在购买前对产品有疑虑，向他提供所需信息及帮助，这表现出的是良好的响应力。

12.6.3　专业职业化的建立

由于社群运营是一个新兴岗位，再加上工作时间相对自由，这就给全职妈妈群体提供了一个非常好的兼职机会，因此很多社群运营人员都是宝妈。

很多企业的管理者也经常说："客户是我们最好的朋友。"但是良好的服务和友谊是两回事。

良好的服务是指周到地接待客户，把客户当成好朋友（不过目的是更好地经营生意），最终的交易是所有商务行动追求的目标。友谊是一种超出工作场合的关系，它要提供的价值远远超出了客户和服务人员的一般关系。在工作时间，客户的身份永远首先是客户，他们需要的不是运营人员的聊天和陪伴，而是及时解决自己的需求。

12.6.4　压力缓解与心理调适

社群运营是一项与人打交道的工作，所以对于运营人员来说，如果不能很好地缓解工作中的压力，就无法提供令客户满意的服务，企业当然也无法从优质的服务中获益。因此，公司的管理人员要做好社群运营人员压力缓解与心理调适工作。

首先要了解运营人员的压力来源，如表 12.1 所示。

表 12.1　压力来源测试表

序号	与工作有关的压力来源
1	与老板关系不佳
2	工作负荷过重或者过轻
3	时间压力、最后期限、工作节奏过快
4	不知所措（如不清楚我应该做什么、别人期望我做什么）
5	在理想、价值观、道德观、个性方面有冲突产生，对公司的未来或自己的前途感到迷茫

续表

6	对自己的工作缺乏反馈
7	缺乏支持
8	与别人交流过少
9	缺乏成就感，没有做出有意义的贡献
10	下岗，权利受到削减，被解雇
11	被要求有更多的成果
12	没有足够的工作空间和必要的设备
13	老板是工作狂
14	会议过多
15	噪声令人心烦意乱
16	个人的工作表现较差
17	信息来不及处理
18	新的工作任务
19	预算削减
20	经常往返于两地
21	下属完成的工作质量差
22	竞争越来越激烈
23	产品被退货
24	政府法规的限制
25	变动
26	合并、兼并，财产和权利被剥夺，企业重组
27	人员不足
28	政治斗争，官僚主义，企业雇员不胜任或缺乏干劲
29	业务增长过快或减少
30	过分强调工作数量和速度
	与家庭有关的压力来源
31	与家人不和
32	与家人沟通有困难

续表

33	与家人在一起的时间较少
34	家人身体不好
35	家人吸毒或酗酒
36	分居、离婚、再婚，婚姻问题
37	家人在社会或学校中遇到问题
38	家人死亡
39	搬家
40	钱财问题
41	子女不听话
	个人的压力来源
42	自尊心过低
43	消极的想法（悲观、冷言冷语、无望、冷淡）
44	容忍挫折的能力差
45	不能控制自己的情绪（感情外露、发脾气，不能恰当地表达情绪）
46	竞争过激
47	以完美主义者自居
48	健康问题
49	毒瘾或酒瘾
50	不清楚自身价值，目标与计划过多
51	面临失望很难调整自己
52	坚持自己的权利有困难
53	与他人交流有困难
54	无耐心，不友好，做工作缺乏恒心
55	工作不适合自己
56	行为过度（暴食、暴饮、工作过度）
57	缺乏合理分配时间的能力
58	琐事缠身

企业管理人员可以通过网上表单，在员工有压力的项目前做标记，找到运营人员的压力所在，然后有针对性地进行调适。

12.6.5 社群运营人员的 KPI

社群运营人员的 KPI 一般有两种：一种属于结果导向，另一种属于过程导向。根据管理风格，不同企业可以自由选择。

（1）结果导向 KPI。用户新增量、转化率、复购率、参与度等。

（2）过程导向 KPI。用户活跃度、活动频次、社群人员数量变化等。

接下来，我们对各项指标的含义做细致的介绍。

1. 用户新增量

一个良性的社群需要新用户，如果社群很长时间内没有新增用户，就意味着运营失效。

2. 转化率和复购率

社群运营的目标是为企业带来转化，同时转化率也是调动员工积极性的一个非常好的指标。

3. 活动参与度

社群活动是否吸引人，能否让用户在活动中保持一定的活跃度，也是评价运营质量的一个重要指标。

对于社群运营的 KPI，建议让管理团队自己设置 KPI，学会自己承担责任，核心运营者只要在特定的节点做好把控即可，这才是双赢的方式。

12.6.6　社群运营人员的招聘

1. 与公司价值观相符

为了保证较高的忠诚度，企业应该录用与公司企业文化相符的人才，也可以使用内部推荐制度，同时给员工现金激励，因为通过优秀员工的介绍录用到优秀人才的概率比较高。

2. 人品比学历重要

除了学历，因为社群人员需要长期与人打交道，所以企业更要关注其性格和人品，可以通过检查过去的工作履历、多阶段面试进行筛选。

12.6.7　社群运营人员的培训

由于社群运营是一个新兴的岗位，大学也没有对口的相关专业。实际上，一个优秀的社群运营团队大多不是招聘来的，而是企业自己培养出来的。因此，企业人事和管理层除了全力招聘，还要对员工进行全面的培训，使其能够胜任这个新兴的岗位更加重要。

1. 必须做新人教育

有的公司在面临运营人员短缺问题的时候，会让员工盲目上岗，员工还不了解这家公司是做什么的时候就开始工作，这是一大禁忌。在迪士尼，对于新录用的员工，无论职位高低，一律被要求参加新人教育。迪士尼会对新人进行迪士尼历史、理念、制度等相关方面的培训。

无论员工是不是第一天上班，客户都不愿意接受一个技能不熟练的员工。同时，未经过培训就投入工作，员工也会感到不安，如果出现纰漏，会因此厌倦工作。

2. 做好培训方案

在对新员工进行培训的时候，培训流程要尽量简单。此外，还需要一位相关领域的专家和对培训有经验的人。这一点非常重要，因为人们的学习方式不同，培训的方式也多种多样，如果此时内部还没有相关的专家，可以选择把培训外包。做好培训方案要注意以下四个方面。

（1）制定培训的步骤。

（2）安排合格的培训师进行培训。

（3）根据受训人员的需求，制定培训方案。

（4）监督实际绩效，评估受训人员的培训情况。